Kohlhammer

Lindauer Beiträge zur Psychotherapie und Psychosomatik

Herausgegeben von Michael Ermann und Dorothea Huber

Michael Ermann, Prof. Dr. med. habil., ist Psychoanalytiker in Berlin und em. Professor für Psychotherapie und Psychosomatik an der Ludwig-Maximilians-Universität München.

Dorothea Huber, Professor Dr. med. Dr. phil., war bis 2018 Chefärztin der Klinik für Psychosomatische Medizin und Psychotherapie an der München Klinik. Sie ist Professorin an der Internationalen Psychoanalytischen Universität, IPU Berlin, und in der wissenschaftlichen Leitung der Lindauer Psychotherapiewochen tätig.

Eine Übersicht aller lieferbaren und im Buchhandel angekündigten Bände der Reihe finden Sie unter:

 https://shop.kohlhammer.de/lindauer-beitraege

Dorothea Huber (Hrsg.)

Geschlechter

Neuere psychodynamische Aspekte

Verlag W. Kohlhammer

Dieses Werk einschließlich aller seiner Teile ist urheberrechtlich geschützt. Jede Verwendung außerhalb der engen Grenzen des Urheberrechts ist ohne Zustimmung des Verlags unzulässig und strafbar. Das gilt insbesondere für Vervielfältigungen, Übersetzungen und für die Einspeicherung und Verarbeitung in elektronischen Systemen.

Pharmakologische Daten verändern sich ständig. Verlag und Autoren tragen dafür Sorge, dass alle gemachten Angaben dem derzeitigen Wissensstand entsprechen. Eine Haftung hierfür kann jedoch nicht übernommen werden. Es empfiehlt sich, die Angaben anhand des Beipackzettels und der entsprechenden Fachinformationen zu überprüfen. Aufgrund der Auswahl häufig angewendeter Arzneimittel besteht kein Anspruch auf Vollständigkeit.

Die Wiedergabe von Warenbezeichnungen, Handelsnamen und sonstigen Kennzeichen berechtigt nicht zu der Annahme, dass diese frei benutzt werden dürfen. Vielmehr kann es sich auch dann um eingetragene Warenzeichen oder sonstige geschützte Kennzeichen handeln, wenn sie nicht eigens als solche gekennzeichnet sind.

Es konnten nicht alle Rechtsinhaber von Abbildungen ermittelt werden. Sollte dem Verlag gegenüber der Nachweis der Rechtsinhaberschaft geführt werden, wird das branchenübliche Honorar nachträglich gezahlt.

Dieses Werk enthält Hinweise/Links zu externen Websites Dritter, auf deren Inhalt der Verlag keinen Einfluss hat und die der Haftung der jeweiligen Seitenanbieter oder -betreiber unterliegen. Zum Zeitpunkt der Verlinkung wurden die externen Websites auf mögliche Rechtsverstöße überprüft und dabei keine Rechtsverletzung festgestellt. Ohne konkrete Hinweise auf eine solche Rechtsverletzung ist eine permanente inhaltliche Kontrolle der verlinkten Seiten nicht zumutbar. Sollten jedoch Rechtsverletzungen bekannt werden, werden die betroffenen externen Links soweit möglich unverzüglich entfernt.

1. Auflage 2023

Alle Rechte vorbehalten

© W. Kohlhammer GmbH, Stuttgart
Gesamtherstellung: W. Kohlhammer GmbH, Stuttgart

Print:
ISBN 978-3-17-043226-0

E-Book-Formate:
pdf: ISBN 978-3-17-043227-7
epub: ISBN 978-3-17-043228-4

Die Autor:innen

Cord Benecke, Prof. Dr. phil., ist Professor für Klinische Psychologie und Psychotherapie am Institut für Psychologie der Universität Kassel. Er ist Psychologischer Psychotherapeut und Psychoanalytiker, Sprecher des Arbeitskreises Operationalisierte Psychodynamische Diagnostik (OPD) und in der wissenschaftlichen Leitung der Lindauer Psychotherapiewochen.

Michael Ermann, Prof. Dr. med., ist Psychoanalytiker in Berlin und em. Professor für Psychotherapie und Psychosomatik an der Ludwig-Maximilians-Universität München. Er ist Herausgeber der Reihe »Lindauer Beiträge zur Psychotherapie und Psychosomatik« im Kohlhammer Verlag.

Marga Löwer-Hirsch, Dr. phil., ist in freier Praxis in Düsseldorf und Berlin tätig als psychodynamisch arbeitende Supervisorin und Business Coach, Psychologische Psychotherapeutin (Psychoanalyse) und Balintgruppenleiterin.

Michaela Sanders, Päd. (M.A.) et Dipl. Inform., ist analytische Kinder- und Jugendlichenpsychotherapeutin, zusätzlich Paar- und Familientherapeutin sowie Gruppenanalytikerin und Traumatherapeutin. Sie ist in München niedergelassen.

Bernhard Strauß, Prof. Dr. phil., ist Direktor des Instituts für Psychosoziale Medizin, Psychotherapie und Psychoonkologie der Universitätsklinik Jena. Er ist Psychologe, Psychoanalytiker sowie Gruppenanalytiker und aktuell einer der beiden Vorsitzenden des Wissenschaftlichen Beirats Psychotherapie nach § 8 PsychThG.

Inhalt

Die Autor:innen 5

Vorwort 9

»Wäre für diese Patientin nicht ein Mann besser?« – Dies
und das zur Geschlechteranpassung in der Psychotherapie   11
Cord Benecke

Genderaspekte in Gruppenpsychotherapie 37
Bernhard Strauß

Intime Beziehungen in der Therapie 60
Marga Löwer-Hirsch

Psychotherapie bei transgender Kindern und Jugendlichen   75
Michaela Sanders

Geschlechtsidentität im Wandel. Vom Merkmal zum
intersubjektiven Prozess 100
Michael Ermann

Stichwortverzeichnis 125

Personenverzeichnis 129

Vorwort

Geschlechter: Ein Dauerbrenner-Thema auf kleiner Flamme oder tatsächlich hochaktuell? Die Herausgeberin denkt: Letzteres – Warum?

Auf der Basis eines bahnbrechenden Urteils des Bundesverfassungsgerichts ist es möglich geworden, offiziell neben männlich und weiblich, divers als drittes Geschlecht anzugeben. Es wurde eine S3 Leitlinie »Geschlechtsinkongruenz, Geschlechtsdysphorie und Trans-Gesundheit« vorgelegt, zur nachhaltigen Verbesserung der Trans-Gesundheitsversorgung mit individualisierter Behandlung und damit verbundener Abkehr vom One-size-fits-all-Ansatz.

Aktuell gibt es eine durchaus aufgeheizte Diskussion, ob jede:r Deutsche das eigene Geschlecht ab einem Alter von 14 Jahren selbst bestimmen darf, ohne Begutachtung, und es kündigt sich an, dass dieses Gesetz uns in unseren Psychotherapien viel beschäftigen wird, z.B. weil psychisch kranke Menschen oder Jugendliche mit Identitätskrisen den Geschlechtswechsel für eine Lösung ihrer Probleme halten und dann möglicherweise scheitern.

In der Medizin dominieren noch immer männliche Normwerte und Medikamente werden überwiegend an Männern getestet – wo bleibt da das zweite Geschlecht (obwohl wir doch eigentlich schon beim dritten sind)?

Wie weit sind diese aufgeworfenen Themen in der Ausbildung zu Psychotherapeut:innen integriert? Haben wir im Blick, welche Gegenübertragungsgefühle bei einem Cis-Therapeuten gegenüber einem Trans-Patienten entstehen? Oder: Wäre für diese Patient:in nicht ein Mann (eine Frau) besser? Sind wir durch unsere Ausbildung vorbereitet auf das Problem von realen intimen Beziehungen in der Therapie und wie offen gehen wir damit um? Wissen wir, was wir in der Psychotherapie mit transgender

Kindern und Jugendlichen beachten müssen? Und welche Rolle spielen Genderaspekte in der Gruppentherapie? Wie verstehen wir heute Geschlechtsidentität?

Das vorliegende Buch versucht in fünf Kapiteln, die auf Hauptvorträgen der Lindauer Psychotherapiewochen 2022 basieren, diese Fragen zu klären oder zu vertiefen (beim Beitrag von M. Ermann handelt es sich um eine überarbeitete Fassung einer Vorlesung bei den Lindauer Psychotherapiewochen 2018).

Berlin, im Februar 2023 *Dorothea Huber*

»Wäre für diese Patientin nicht ein Mann besser?« – Dies und das zur Geschlechteranpassung in der Psychotherapie

Cord Benecke

Vermutlich in den meisten psychotherapeutischen Praxen und Ambulanzen taucht immer mal wieder die Frage nach der Geschlechterpassung zwischen Patient:in und Therapeut:in auf. Meist in Bezug auf die:den ganz konkrete:n Patient:in. Dabei ist der gewählte Titel »Wäre für diese Patientin nicht ein Mann besser?« (gemeint ist hier natürlich ein männlicher Therapeut) nur eine Variante – die Frage lässt sich in allen Konstellationen durchspielen.

In diesem Beitrag möchte ich erstens einen Blick in die klinische Literatur zu dieser Frage werfen, zweitens den diesbezüglichen Stand der Empirie skizzieren und drittens eine eigene Studie, die an der Universität Kassel unter Mitarbeit von Studierenden in Vorbereitung auf die Lindauer Psychotherapiewochen 2022 durchgeführt wurde, vorstellen.

Auch wenn es auf den LPTW 2022 ausführlich um das Fluide und das Non-Binäre in der Genderwahrnehmung und -identifikation ging, beschränkt sich dieser Text hier auf die möglichen Passungen der Binärität, also auf ein schlichtes 4-Felder-Schema (▶ Tab. 2).

Wie ist das mit der Passung? Welche Konstellation ist für diese:n Patient:in besser? Diese Frage stellen wir uns gerade in Ambulanzen, z. B. bei uns in der Hochschulambulanz der Universität Kassel, ziemlich häufig.

In dem bekannten Lehrbuch »Praxis der Psychotherapie. Ein integratives Lehrbuch« von Senf und Broda gab es in der Auflage von 2007[1] ein Kapitel mit dem Titel »Geschlechtsspezifische Aspekte von der Psychotherapie« von Sellschopp-Rüppell und Dinger-Broda[2] mit Unterkapiteln zu

---

1 Senf W., Broda M (2007)
2 Sellschopp-Rüppell A, Dinger-Broda A (2007)

geschlechtsspezifischen Aspekten in der Theorie und Modellbildung, in der Einzeltherapie sowie in der Gruppentherapie und zu Unterschieden im Therapieerfolg zwischen Männern und Frauen. Ich werde auf einzelne Inhalte dieser Arbeit mehrfach zurückkommen. Die beiden Autorinnen ziehen folgendes Resümee: »Fragen nach der Bedeutung des Geschlechts sollte daher zukünftig weit mehr Aufmerksamkeit, zuallererst in der Forschung, gewidmet werden«[3]. Das war der letzte Satz in diesem Kapitel und entsprechend neugierig ist man auf die nächste Auflage des Lehrbuches auf dem Jahre 2012[4]. Dort allerdings fehlt dieses Kapitel. Es ist nicht lediglich unverändert geblieben; das Kapitel ist einfach nicht mehr vorhanden. Dieses Thema, das eigentlich ein ganz wichtiges sein sollte, ist also komplett verschwunden. Tatsächlich spiegelt das einen Trend insgesamt in der Literatur wider: Man findet sehr viel Literatur zu diesem Thema in den 1970er/80er Jahren und dann wird es immer weniger, an Theorie oder Fallbeispielen oder Forschung.

Die ein oder andere Publikation gibt es dann doch, vor allen Dingen trifft man aber auf sehr viele *Klischees*. Beispiele: Frauen gelten als empfänglicher für interpersonelle Themen, emotional stärker am therapeutischen Prozess beteiligt; könnten Psychotherapie daher besser nutzen.[5] Männer hingegen wollen handeln und nicht reden; glauben, stets hart, unbeugsam und unabhängig sein und die Kontrolle behalten zu müssen; um Rat zu bitten und Schwächen zuzugeben, widerspreche daher ihrem Selbstbild; seien gewohnt, Probleme zu verschweigen und allein klarzukommen; daher sei Psychotherapie oft keine Option, schon gar nicht bei einer Therapeutin.[6] Und es gibt auch Klischees über Therapeutinnen und Therapeuten (▶ Tab. 1):

---

3 ebenda, S. 119
4 Senf W, Broda M (2012)
5 z. B. Kirscher LA et al. (1978)
6 Sonnenmoser M (2011)

Tab. 1: Klischees über Therapeutinnen und Therapeuten

Therapeutinnen	Therapeuten
• geduldiger, sensibler, • intuitiver, gefühlsorientierter, umsorgender und als • besser sozialisiert für heilende und helfende Berufe[7]	• problemfokussierter, • direkter, • hierarchisch orientierter und • urteilender[8]
Dem »Mütterlichen« zugeschriebene Techniken: Halten, Containing, Spiegeln	Dem »Väterlichen« zugeschriebene therapeutische Techniken: Strukturgeben, Deuten, Konfrontieren, Klarifizieren

Therapeutinnen gelten als geduldiger, sensibler, intuitiver, gefühlsorientierter, umsorgender und überhaupt besser sozialisiert für heilende und helfende Berufe.[9] Und die »dem Mütterlichen« zugeschriebenen Techniken sind *Halten*, *Containing* und *Spiegeln* – also ungefähr die allgemeinen Wirkfaktoren der Psychotherapie. Frauen können das besser – so liest man es zumindest in der Literatur. Und wir Männer, Therapeuten, sind problemfokussierter, direkter, hierarchisch orientierter, urteilender – so werden wir zumindest von Patient:innen wahrgenommen.[10] Die dem »Väterlichen« zugeschriebenen Techniken sind *Strukturgeben, Klarifizieren, Konfrontieren, Deuten* – also eher die freudsche Variante. Diese schon alte Debatte innerhalb der Psychoanalyse, welche Technik – die eher väterlich/freudsche oder die eher mütterliche (Ferensci zugeordnete) – die heilsamere sei, ist sehr schön nachzulesen bei Haynal[11]. Immer wieder finden sich empirische Hinweise, dass Frauen und Männer unterschiedlich intervenieren, z. B.: »Female therapists intervene more empathically, whereas male therapists tend to use more confrontational techniques«[12].

---

7 Mogul KM (1982); Ogrodniczuk JS, Staats H (2002)
8 Gehart DR, Lyle RR (2001)
9 Mogul KM (1982); Ogrodniczuk JS, Staats H (2002)
10 Gehart DR, Lyle RR (2001)
11 Haynal A 1989
12 Staczan P et al. (2017), S. 74

Auf die Frage, ob Frauen die besseren Therapeut:innen sind, komme ich später noch einmal zurück.

Ansichten zu Geschlechterpassungen

Also, wer passt denn jetzt mit wem besser zusammen? Immer wieder taucht in der Literatur die Ansicht auf, dass *gleichgeschlechtliche* Patient:in-Therapeut:in-Dyaden (Same-gender-Dyaden) zu einer erfolgreicheren Behandlung führen. In den 1970er Jahren ging es zwischenzeitlich soweit, dass man sagte, männliche Therapeuten sollten gänzlich darauf verzichten, weibliche Patientinnen zu behandeln[13]: »Male clinicians should stop treating women altogether!«[14] – weil Männer das nun einmal nicht könnten, sie verstünden nichts von Frauen. Das war tatsächlich eine Forderung, die immer wieder auftauchte. Hier noch ein paar Zitate in Bezug auf diese Passung, also die Same-gender-Therapie:

»Einige Patient:innen suchen eine *Same-gender*-Psychotherapie, weil sie daran die Phantasie knüpfen, besser und tiefer verstanden zu werden, oder wählen hingegen eine:n Psychotherapeut:in vom anderen Geschlecht, um die *opposite-gender*-Sicht in ihre Therapie einzubeziehen.«[15]

Insbesondere bei den Themen Schwierigkeiten mit Sexualität und Partnerschaft, Problemen mit Schwangerschaft und Kindern sowie bei sexualisierter Gewalt und Traumatisierung bevorzugen Frauen eine Same-gender-Psychotherapie.[16]

»Männliche Patienten könnten bei einem Psychotherapeuten mehr Anforderungen phantasieren und deshalb eine Psychotherapeutin bevorzugen.«[17]

---

13 Chesler P (1971); Lermann H (1978)
14 Chesler P (1971), S. 384
15 Schigl B (2021), S. 121
16 Morschitzky H (2007)
17 ebenda, S. 122

Diese wenigen Zitate lassen die Frage aufkommen: *Ja, wer braucht denn da jetzt was?* Das ist tatsächlich eine schwierige Frage. Insbesondere bei den Themen Schwangerschaft, Sexualität, Partnerschaft, Kinder, sexualisierte Gewalt, Traumatisierung bevorzugen Frauen Same-gender-Psychotherapie – naheliegender Weise. Insgesamt haben Frauen sehr viele Gründe zu Frauen in Therapie zu gehen – und Männer auch, siehe das obige Zitat von Schigl. Ja, also sagen wir so: Es wirft ein nicht so gutes Licht auf uns Männer. Und es würde bedeuten, dass sowohl Patientinnen wie Patienten lieber eine Therapeutin aufsuchen.

Bisher sind das Ansichten von Autor:innen. Nun versuche ich ein paar Zahlen hinzuzufügen und wir fangen einmal mit den unterschiedlichen Therapiezielen je nach Geschlecht an. In einer Befragung und qualitativen Analyse der Interviews wurden folgende Geschlechtsunterschiede in den Therapiezielen gefunden:[18]

- *Therapieziele von Patientinnen:* mehr Selbstbewusstsein, Fähigkeit, eigene Bedürfnisse wahrzunehmen und die Kompetenz, Grenzen zu setzen.
- *Therapieziele von Patienten:* berufliche Konfliktsituationen klären und Umgang mit Konkurrenz und Leistungsdruck verbessern.[19]

Interessant ist jetzt natürlich: Welche Therapieziele haben Therapeuten und Therapeutinnen für ihre Patient:innen? Hier die Ergebnisse einer Studie von Billingsley[20], in der Vignetten fiktiver Patient:innen vorgelegt wurden, zu denen die Therapeut:innen *Therapieziele* erarbeiten sollten:

- Therapeutinnen wollen für Patient:innen beiderlei Geschlechts mehr Durchsetzungsfähigkeit, mehr Selbstbewusstsein, mehr Rationalität.
- Männliche Therapeuten wollen für Patient:innen beiderlei Geschlechts den Zugang zu Emotionen verbessern und Gefühle besser ausdrücken zu können.

---

18 Dinger-Broda A (2007), zitiert aus Sellschopp-Rüppell A, Dinger-Broda A (2007)
19 Interessant: Selbst wenn berufliche Konflikte bei den Patientinnen vorlagen, rangierte die Klärung dessen eher weit unten.
20 Billingsley D (1977)

Man fragt sich schon: Wer will da jetzt was für wen? Also man kann schon denken, die Patient:innen sollen das richten – wenn wir wieder an die Klischees denken – was wir selber irgendwie nicht können. Hier ein paar Unterschiede zwischen Männern und Frauen als Patient:innen:

- Ungefähr zwei Drittel, je nach Studie auch drei Viertel der Patient:innen sind weiblich, das Verhältnis Frauen zu Männern liegt bei ca. 70:30.[21]
- Die Mehrzahl an Studien kommt zu dem Schluss, dass Patient:innen beiderlei Geschlechts sich in gleichgeschlechtlichen Dyaden wohler fühlen[22] – zunächst. Ob das auch therapeutisch sinnvoll ist, ist eine andere Frage, aber erst einmal können Frauen in dieser Konstellation leichter eine Arbeitsbeziehungen aufbauen.
- Frauen profitieren nach einer Studie von Ogrodniczuk et al.[23] deutlich besser als Männer von Gruppentherapie. Die Autorinnen erklären dies mit der stärkeren Bindung der einzelnen Patient:innen an die Gruppe, die bei den männlichen Patienten schwächer ausgeprägt war. Ein anderer Grund könnte den Autoren zufolge sein, dass in den Gruppen meistens weitaus weniger Männer sitzen, welche sich dann ggf. ein bisschen verloren vorkommen könnten. Neuere Studien finden keine Unterschiede.[24]

Daran knüpft sich die generelle Frage an, ob sich Männer und Frauen bezüglich des Therapieerfolgs unterscheiden? Im Standardwerk der Psychotherapieforschung, dem »Handbook of Psychotherapy and Behaviour Change«[25], findet sich ein Kapitel zu Faktoren auf Seiten der Patient:innen, die zu Outcome-Unterschieden führen. Und bei »Gender« ist das Fazit: »inkonsistent«: Es gibt keine klare Richtung, man kann nicht sagen, dass das eine Geschlecht mehr von Psychotherapie profitieren würde als das andere. So können wir im Moment nicht sagen, dass Frauen als Patien-

---

21 z. B. Larisch A et al. (2013)
22 z. B. Beutler LE et al. (1986)
23 Ogrodniczuk JS et al. (2004)
24 Burlingame GM et al. (2013)
25 Barkham M et al. (2021)

tinnen die »besseren« Patient:innen sind, weil sie eigentlich, wie oben klischeehaft angenommen wurden, besser für Psychotherapie »geeignet« seien. Die empirische Outcome-Befundlage gibt das nicht her.

Was ist mit Therapeut:innen?

Wie entwickelt sich eigentlich das Geschlechtsverhältnis in unserem Berufsfeld? In Österreich ist die Anzahl der männlichen Therapeuten in den letzten 30 Jahren nur mäßig gestiegen, die Anzahl der Therapeutinnen hingegen sehr stark, sodass sich der Prozentanteil der Frauen von 63 % im Jahr 1995 auf 74 % im Jahr 2021 erhöht hat. In Deutschland waren 2017 72 % der PP-Kammermitglieder Frauen. Diese Verteilung entspricht auch dem aktuellen Geschlechterverhältnis der Psychologiestudierenden: zwei Drittel Frauen, ein Drittel Männer. Bei den Approbationsprüfungsabsolvent:innen für psychologische Psychotherapeut:innen sieht es nochmal anders aus: 85 % Frauen im Jahr 2020 laut dem letzten Bericht vom Institut für medizinische und pharmazeutische Prüfungsfragen (IMPP).

Vor diesem Hintergrund ist die Frage, ob Frauen (entsprechend der Klischees) die besseren Therapeut:innen sind, nochmals interessanter. Einige einzelne ältere Studien aus den 1970er und 1980er Jahren[26] zeigen, dass Therapeutinnen bessere Therapieergebnisse erzielen als ihre männlichen Kollegen – allerdings nur bei Anfänger:innen; bei erfahrenen Therapeut:innen fanden sich keine Unterschiede mehr. Es gibt eine Reihe von einzelnen Studien, die immer mal hier oder da was finden in die eine oder andere Richtung, aber daraus lässt sich kein allgemeines Urteil draus ziehen. Zumal sich die Befundlage über die Jahre offenbar geändert hat:

- In ihrem Review für die 3. Auflage des »Handbook of Psychotherapy and Behavioral Change« kommen Beutler et al.[27] zu dem Schluss, dass weibliche Psychotherapeutinnen erfolgreicher als ihre männlichen Kollegen sind.

---

26 z. B. Kirschner LA et al 1978; Jones et al. (1987)
27 Beutler LE et al. (1986)

- In einem späteren Review von Beutler et al.[28] für das »Handbook« revidieren die Autor:innen den Einfluss der Geschlechtszugehörigkeit des:der Therapeut:in: »If any conclusion is warranted, it is that contemporary (recent) research has demonstrated even less of a predictable relationship between therapist sex and outcome than previously reported.«[29]
- In der aktuellen Auflage des »Handbook«[30] werden nur noch »nonsupportive studies (null findings)« aufgeführt, also Studien, die keinen Geschlechtsunterschied finden.

Studien mit signifikanten Ergebnissen gibt es 2021 also keine mehr; demzufolge findet sich kein Effekt vom Geschlecht der Therapeut:innen auf den Outcome. Und so gilt wohl noch das folgenden Resumée: »Sex and gender issues of both therapists and patients did not play a crucial role in any type of psychotherapy investigated.«[31]

Das sagt aber noch nichts zur Frage der *Passung*. Wie verhält es sich mit der Geschlechter*kombination?* Hierzu gibt es noch viel weniger Studien, weshalb ich mit den Daten aus der DPG-Praxisstudie, die psychoanalytisch begründete Psychotherapie untersucht, einige Berechnungen angestellt habe. Hier haben wir 280 vollständige Datensätze mit sechs-Jahres-Katamnesen. Die Geschlechterkombinationen lassen sich in einem Vier-Felder-Schema abbilden:

---

28 Beutler LE et al. (2004)
29 ebenda, S. 231
30 Barkham M et al. (2021)
31 Staczan P et al. (2017), S. 74

Tab. 2: Verteilung der Geschlechterkombinationen in der DPG-Praxisstudie. N=280 therapeutische Dyaden. Die Zahlen in Klammern zeigen die bei einer Zufallsverteilung erwartete Anzahl in den Zellen.

	Therapeutin	Therapeut
Patientin	168 (156)	44 (50)
Patient	38 (56)	30 (18)

In dieser Studie sind die Same-gender-Dyaden (also die Frau-Frau-Dyaden und die Mann-Mann-Dyaden) signifikant häufiger, als bei einer zufälligen Verteilung zu erwarten wäre (▶ Tab. 2). In dieser naturalistischen Studie sind fast doppelt so viel Mann-Mann-Dyaden wie man erwarten würde, wenn das Geschlecht überhaupt keine Rolle spielen würde. Bei der Frau-Frau-Dyade ist die Zahl nicht ganz so beeindruckend. Die Verteilung ist signifikant, es gibt folglich eine signifikante Häufung von Same-gender-Dyaden.

Es finden sich aber keine Unterschiede im Outcome zwischen den Dyaden-Typen: Die Same-gender-Dyaden sind nicht erfolgreicher bezüglich der Reduktion der Symptombelastung als die gemischtgeschlechtlichen Dyaden.

Dementgegen finden Schmalbach et al.[32] in einer großen Stichprobe aus Deutschland einen leichten Trend zugunsten von Same-gender-Dyaden, in KVT-Behandlungen beschränkt sich dies auf Frau-Frau-Dyaden.

---

32 Schmalbach I et al. (2022)

Übertragungs- und Gegenübertragungs-Konstellationen und Komplikationen

Wie verhält es sich mit den Übertragungs- und Gegenübertragungskonstellation und -komplikation? Zu den vier Kombinationen gibt es etwas Literatur.

Patientin-Therapeutin: Da es viel mehr Therapeutinnen sowie viel mehr Patientinnen gibt, ist diese Variante ganz klar die häufigste. Welche Ansichten finden sich zu dieser Konstellation?

- »Im Allgemeinen wählen Frauen bewusst eine Analytikerin, weil sie eine gute Beziehung zu ihrer Mutter wiederherstellen möchten oder den Wunsch nach einer besseren Mutter haben. Viele Frauen hoffen, dass eine Frau sensibler ist für die weiblichen Wünsche nach Erfolg und Selbstverwirklichung und ihnen die Realisierung diesbezüglicher heimlicher Wünsche eher gestattet.«[33]
- Psychotherapeutinnen berichten, »dass es ihnen zumeist leichter fällt, mit ihren Patientinnen eine gute Arbeitsallianz herzustellen. Die Beziehungen sind oft getragen von Vertrautheits- und Nähegefühlen und schwesterlich-mütterlichen Übertragungstendenzen. Dieser Bonus kann sich allerdings ins Gegenteil verkehren, wenn es darum geht, konkurrierende, aggressive oder Distanzgefühle zu äußern. Konfrontationen sind in dieser Dyade seltener und oft erst nach einiger Zeit möglich. Homoerotische Atmosphären werden von (heterosexuell orientierten) Psychotherapeutinnen kaum berichtet«.[34]

Mit Blick auf die Ziele der Therapeutinnen für ihre Patient:innen (siehe oben) könnte man sagen: Ja, Frauen haben von Frauen evtl. tatsächliche mehr Verständnis und Unterstützung bzgl. ihrer Wünsche nach Erfolg und Selbstverwirklichung zu erwarten.

---

33 Sellschopp-Rüppell A, Dinger-Broda A (2007), S. 116
34 Schigl B (2021), S. 123

Gemäß Schigl[35] fällt es in Frau-Frau-Dyaden zwar leichter eine gute Arbeitsbeziehung herzustellen. Aber Therapeutinnen haben hier größere Schwierigkeiten, konkurrierende, aggressive oder Distanzgefühle zu äußern. Konfrontationen seien in dieser Dyade seltener und oft erst sehr spät. Ich supervidiere gerade eine Frau-Frau-Behandlung, die sehr harmonisch begonnen hat, aber als die tiefer liegenden Themen bearbeitet wurden, sehr schwierig wurde: Es kam die ganz negative Mutter-Übertragung hervor, die Therapeutin wurde heftig beschimpft, blieb jedoch in der Haltung: »Ja, ich muss das doch irgendwie auffangen können oder ich muss das irgendwie halten können.« Meines Erachtens muss sie das nicht, sondern vielmehr eine klare Grenze ziehen und bspw. sagen: »So läuft das hier nicht! So können wir nicht arbeiten.«. Ich kann nur für diesen einen Einzelfall sprechen. Aus eigener Erfahrung kann ich natürlich nichts über eine Frau-Frau-Dyade sagen.

Patient-Therapeut: In den Mann-Mann-Dyaden sei laut Sellschopp-Rüppell und Dinger-Broda[36] der Widerstand gegen das Bewusstwerden der erotischen Übertragung in der Regel groß, und wenn das doch auftauche, könne es zu einer »homosexuellen Panik« führen. Psychotherapeuten geben an, dass es zu Beginn des Prozesses oft ein Ringen darum gäbe, wer in der Psychotherapie das Sagen habe.[37] Das wiederum kann ich aus eigener Erfahrung bestätigen. Das ist oft anstrengend, vor allem, wenn man Alphatier-Männer da vor sich hat. Hier kommen Wünsche nach Nähe oder Gefühle von Sehnsucht oder Scham oft schwer und wenn dann sehr spät zum Ausdruck. Heterosexuelle tun sich mit homosexuell Orientierten oft schwer.[38] Die männliche Same-gender-Dyade scheint daher nicht so einfach zu sein.

Wie ist das bei *Patient und Therapeutin*, also männlicher Patient, weibliche Therapeutin? Männer gehen möglicherweise zu Therapeutinnen, weil sie eine kompetitive und autoritäre Beziehung vermeiden möchten oder ho-

---

35 ebenda
36 Sellschopp-Rüppell A, Dinger-Broda A (2007)
37 Schigl B (2021)
38 Sellschopp-Rüppell A, Dinger-Broda A (2007)

moerotische Gefühle scheuen.[39] Das scheint mir keine gute Motivation für die Therapeutinnen-Wahl zu sein. Bei narzisstischen Persönlichkeitsstrukturen wird beschrieben, dass Verführungsversuche in Richtung der Therapeutin häufig vorkommen, um die Machtverhältnisse wiederherzustellen, weil es schwierig ist für narzisstisch strukturierte Männer in dieser Abhängigkeitssituation zu sein: »Ich muss jetzt zu einer Frau«.[40] Das hielten viele Männer nicht aus und würden daher zu flirten beginnen und dadurch die Therapiesituation letztlich zu etwas anderem umzubauen. Was ich häufig höre, ist, dass besonders jüngere Kolleginnen Kommentare auf ihr Äußeres bekommen: »Ja und heute sehen Sie aber gut aus, ne, und das ist aber ein toller, ein schmucker Ohrring.« und dergleichen. Solche Flirtversuche, Komplimente scheinen vor allen Dingen von älteren Cis-Männern zu kommen. Und es geht nicht nur auf das Äußere, also das geht ja schon weiter, wenn z. B. ein älterer Mann mit einer entsprechenden Betonung sagt: »Das war heute, war aber eine *gute Stunde*«. Da wird die *Therapie zum Puff*, wird die Situation komplett umdefiniert. Und eine andere Kollegin erzählte von einem Patienten, der meinte: »Ja sie, sie kriegen das schon hin, sie sind ja eine *Professionelle*«. Der Begriff »Professionelle« ist eben nicht professionell, sondern damit ist sehr wahrscheinlich etwas anderes gemeint. All diese Dinge können als Versuche interpretiert werden, die patriarchale Ordnung wiederherzustellen. Wenn Mann schon so bedürftig ist, dann muss die ganze Situation umgekehrt werden. Allerdings ist es so, dass es Psychotherapeutinnen in dieser Kombination häufig leichter fällt zu konfrontieren und Wünsche nach Struktur und Handlungsleitung umzusetzen als in den Frau-Frau-Dyaden.

Sehen wir uns zuletzt die Kombination *Patientin-Therapeut* an, die früher den Normalfall darstellte: Die ganze analytische Literatur der ersten 50 Jahre ist mehr oder weniger in dieser Konstellation entstanden, heute aber eher selten (▶ Tab. 2).

Gemäß Sellschopp-Rüppell und Dinger-Broda[41] dient »das Festhalten an der Übertragungsliebe als Ersatz für Gratifikation im Leben außerhalb der

---

39 ebenda, S. 116
40 ebenda, S. 116
41 Sellschopp-Rüppell A, Dinger-Broda A (2007), S. 116

Analyse«. Gerade bei alleinstehenden Frauen sei das Problem, dass sie in der der erotischen Übertragung bleiben und keine echten Beziehungen mehr anfingen würden und wenn doch, dann hätte das oft sowas wie Verrat, oder das ist irgendwas Heimliches, weil die Liebe, die Übertragungsliebe zum Analytiker bestehen bleibe, auch wenn die Frau dann eine Realbeziehung wage.

Männliche Analytiker hätten Schwierigkeiten, mit Konflikten umzugehen, die aus der Doppelbelastung von Frauen entstehen.[42] Wenn wir uns nochmal an die Ziele der Therapeuten für ihre Patient:innen erinnern, wird deutlich, dass nicht etwa »emotionaler werden« nötig ist, sondern es stattdessen das bräuchte, was die Therapeutinnen für ihre Patientinnen wollten, nämlich mehr Selbstbewusstsein, mehr Durchsetzungsvermögen. Das dürfte ein Grund sein, warum Frauen Frauen aufsuchen: weil sie von ihnen mehr Verständnis erwarten als von Männern.

Männliche Psychotherapeuten »scheuen sich vor der Entwicklung von Gegenübertragungsfantasien aus Angst, als frauenfeindlich oder sexistisch zu gelten«.[43] Aus psychoanalytischer Perspektive wäre es ungünstig, wenn man Gegenübertragung unterdrückt. Otto Kernberg empfiehlt häufiger: »Genießen Sie Ihre Gegenübertragung!«. Genau das macht (hoffentlich) den Unterschied aus zwischen uns Therapeut:innen und den Patient:innen oder den Nicht-Therapeut:innen, dass wir fantasieren und das emotional aufladen können, ohne es umsetzen zu müssen. Aber wenn man das nicht mehr kann, dann hat man schon Angst vor seiner eigenen Gegenübertragung.

Männliche Therapeuten nehmen »mehr erotische Atmosphären in den Therapieprozessen mit ihren weiblichen Patientinnen wahr«.[44] Allerdings finden sich in dieser Konstellation auch die meisten Belege für sexuelle Übergriffe und Missbrauch.[45] Eine aktuellere Online-Studie zeichnet ein neues Bild. Es wurde gefragt: »Was sind negative Aspekte Ihrer Psychotherapie?« In der sehr großen Stichprobe wurden sexuelle Übergriffe ausschließlich berichtet von Frauen gegenüber Frauen. Wie es zu dieser star-

---

42 ebenda
43 ebenda
44 Schigl B (2021), S. 123
45 z. B. Becker-Fischer M, Fischer G (2008)

ken Umkehrung kommt, kann ich nicht sagen, aber hier liegt auf jeden Fall etwas Neues vor. Und jüngst sind mir zwei aktuelle Fälle berichtet worden, in denen weibliche Analytikerinnen sexuelle Beziehungen mit ihren männlichen Patienten begonnen haben. Das Thema ist also weiterhin aktuell, aber mittlerweile wohl nicht mehr auf eine Geschlechterkonstellation begrenzt.

Online-Befragung: Therapeut:innensicht auf Geschlecht in der Psychotherapie

Im letzten Wintersemester habe ich mit Hilfe von Studierenden[46] eine Online-Studie gemacht, in der wir Therapeut:innen danach gefragt haben, ob die Geschlechterkombination in ihrer Praxis eine Rolle spielt. In einer zweiten Schiene wurde hierzu auch Patient:innen und Menschen, die sich überlegen, in Psychotherapie zu gehen, befragt.

Die erste Stichprobe umfasst 195 Therapeut:innen, bestehend aus 125 Frauen 67 Männern sowie einer Person, die sich als »questioning transgender« bezeichnet, einer Person, die sich als transgender bezeichnet und einer Person ohne Angabe. Die sexuelle Orientierung ist zum Großteil heterosexuell (165), homosexuell sind elf, bisexuell sechs, queer drei, heteroflexibel zwei und pansexuell eine Person. Die Berufserfahrung liegt im Mittel bei knapp 20 Jahren.

Die Fachkunde ist überwiegend psychodynamisch: Analytische Psychotherapie (AP): 147, Tiefenpsychologisch (TP): 137, Verhaltenstherapie (VT): 32, Systemisch (ST): 6 und Humanistisch (HP): 4.

Die erste Frage lautete: »Für wie bedeutsam empfinden Sie die Geschlechterkombination in der Psychotherapie?«[47]

---

46 Ich danke meinem Mitarbeiter Dr. Matthias Volz sowie den Studierenden Lynn Braun, Sophie Hayd, Amelie Kuenz, Felicitas Rosak und Jule vom Bruch.
47 Bergin AE, Garfield SL (1994)

Stichprobe

N: 195
Alter: *M = 52.59 (SC = 12.96)*
Berufserfahrung: *M = 19.04 (SD = 13.04)*

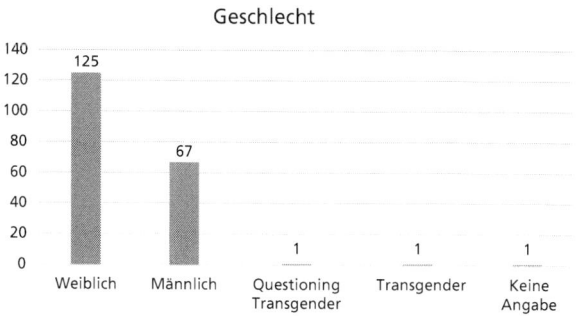

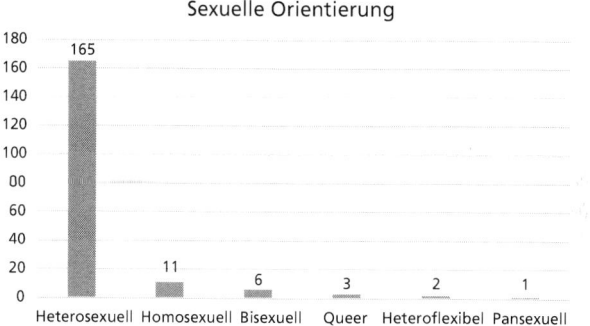

Abb. 1: Geschlecht und sexuelle Orientierung der Therapeut:innen der Online-Befragung

Die Antworten zeigen deutlich, dass die Geschlechterkombination von den Therapeut:innen als überwiegend bedeutsam betrachtet wird.

Anschließend wurde gefragt, bei welchen (vorgegebenen) Themen die Geschlechterkombination besonders wichtig sei: »In welchen der folgenden *Themenbereichen* sehen Sie aus Ihrer psychotherapeutischen Erfahrung heraus eine inhaltliche Relevanz der *Geschlechterkombination* von Psychotherapeut:in und Patient:in?«

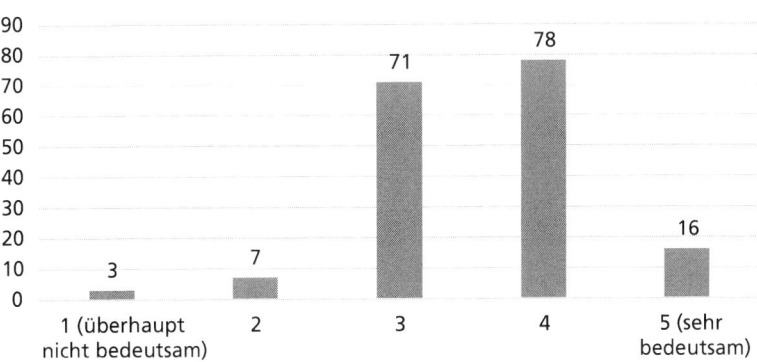

Abb. 2: Angaben der Therapeut:innen zur Frage: »Wie bedeutsam empfinden Sie die Geschlechterkombination in der Psychotherapie?«

Bei den Themenbereichen *Missbrauch und sexualisierte Gewalt*, bei *Sexualität, Erotik, Begehren* sowie beim Thema *Geschlechtsidentität* wurde die Geschlechterkombination als relevant angesehen. Das Thema *Reproduktionsprobleme* wird schon nicht mehr so häufig angegeben, obwohl dieses in der Literatur häufig angeführt wird. Beim Thema *Suizidalität* halten nur sehr wenige Therapeut:innen die Geschlechterkombination für relevant.

Wir haben zudem überprüft, ob sich die älteren von den jüngeren sowie die männlichen von den weiblichen Therapeut:innen unterscheiden: Es finden sich keine Unterschiede; mit einer Ausnahme: Die jüngeren Therapeut:innen geben häufiger an, dass das Geschlecht bei keinem der Themen eine Rolle spielt, also in diesem kleinen Balken ganz rechts in der Abbildung 3 sind mehr jüngere Therapeut:innen, aber das ist marginal.

Eine weitere Frage war, auf welche Therapiefaktoren die Geschlechterkombination einen Einfluss habe (▶ Abb. 4): »Auf welche der folgenden *Therapiefaktoren* hat die *Geschlechterkombination* von Psychotherapeut*in und Patient*in Ihrer psychotherapeutischen Erfahrung nach einen Ein-

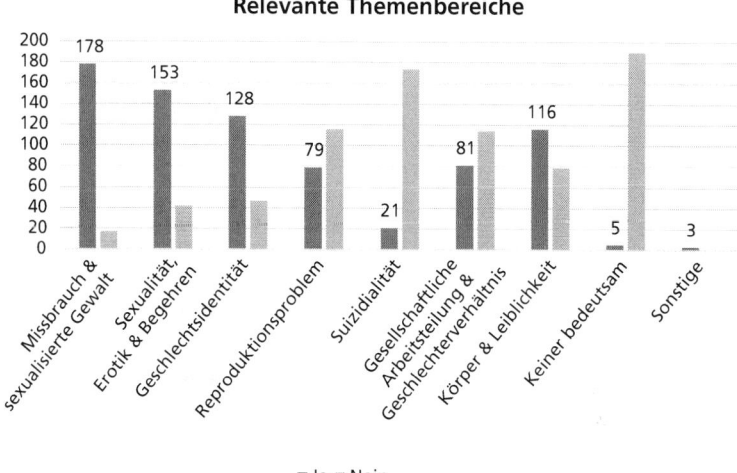

Abb. 3: Angaben der Therapeut:innen zu relevanten Themenbereichen

fluss? (Mehrfachauswahl möglich)« Die Therapeut:innen geben an, dass die Geschlechterkombination Einfluss auf die Aufnahmeentscheidungen der Patient:innen hat, sprich dass es für die Patient:innen wichtig sei, ob sie zu einem Mann oder zu einer Frau in Behandlung gingen. Umgekehrt spielt nach Aussagen der Therapeut:innen für sie selbst das Geschlecht keine Rolle bei der eigenen Aufnahmeentscheidung.

Da das Thema sexualisierte Gewalt eine so hohe Bedeutung hat, wurde nochmal gesondert nach der empfohlenen Kombination gefragt (▶ Abb. 5): »Wenn das Thema *sexualisierte Gewalt* im Raum steht, welche der folgenden *Kombinationen* empfehlen Sie dem:der Patient:in am ehesten?« Diese Frage wurde einmal bezüglich des Täter:innengeschlechts (also ob das Geschlecht des:der Therapeut:in sich vom Täter:innengeschlecht unterscheiden sollte) und einmal bezüglich des Patient:innengeschlechts (also ob das Geschlecht des:der Therapeut:in sich vom Geschlecht des:der Patient:in unterscheiden sollte) gestellt.

Die meisten Therapeut:innen geben an, dass es nicht relevant sei, ob sie das gleiche oder ein anderes Geschlecht hätten wie der:die Täter:in oder wie der:die Patient:in. Diejenigen, die das Geschlecht als relevant be-

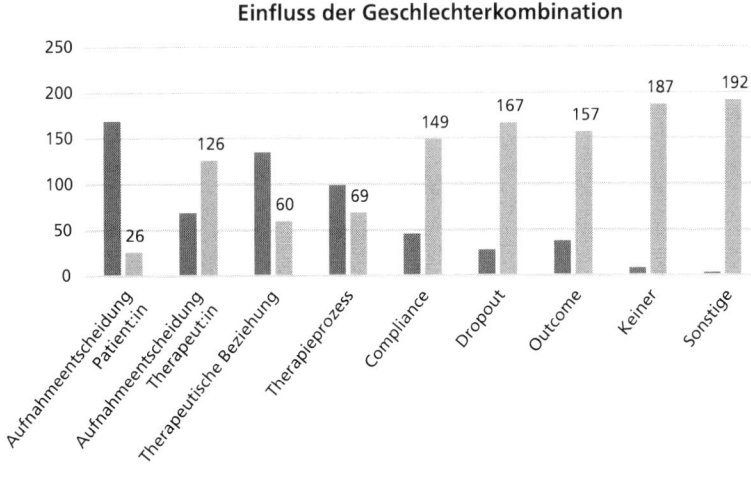

Abb. 4: Angaben der Therapeut:innen zum Einfluss der Geschlechterkombination

trachten, sind dann wiederum der Meinung, dass die Therapeut:in nicht das Täter:innengeschlecht haben sollte, sondern das des:der Patient:in.

Eine Empfehlung, das gleiche Geschlecht wie das des:der Täter:in aufzusuchen, wird sehr selten genannt. Die Ansicht gibt es ja durchaus: »Wäre doch gut, wenn diese Patientin eine positive Erfahrung mit einem Mann machen könnte«; aber das wird hier selten genannt. Und andererseits wird es kaum einen Psychotherapeuten geben, der noch nie eine Patientin mit sexualisierter Gewalterfahrung behandelt hat. Und diese Behandlungen sind ja durchaus erfolgreich. Und insofern spiegelt das Ergebnis der Umfrage, dass es überwiegend als nicht relevant angesehen wird, wohl auch die überwiegende klinische Erfahrung im Feld wider.

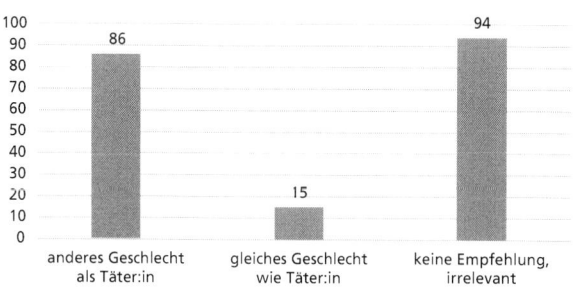

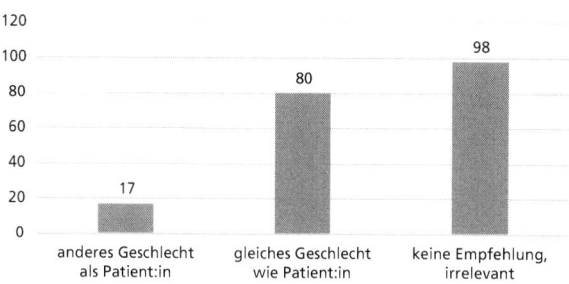

Abb. 5: Angaben der Therapeut:innen zur Geschlechterkombination beim Thema »sexualisierte Gewalt«:

Die Perspektive der Patient:innen

Um auch einen Eindruck der Patient:innenperspektive zu erhalten, haben wir 180 Personen, die Erfahrung mit Psychotherapie hatte oder überlegten, eine solche zu beginnen, befragt. Hier ein Auszug aus dem Fragebogen:

Das Ergebnis auf die »Wie wichtig sind Ihnen folgenden Merkmale bei der Suche nach einem:einer Therapeut:in?« findet sich in nachfolgender Tabelle.

»Wäre für diese Patientin nicht ein Mann besser?«

Im Folgenden stellen wir Ihnen einige Fragen bezüglich der Suche nach einem*er Psychotherapeuten*in. Sollten Sie sich derzeit nicht auf der Suche befinden oder bereits in Therapie sein, bitten wir Sie, sich in die Situation hineinzuversetzen und die Fragen dementsprechend zu beantworten. Alle Angaben werden anonymisiert gespeichert und können nicht auf Ihre Person zurückverfolgt werden.

*Wie wichtig sind Ihnen folgende Merkmale bei der Suche nach einem*r Theapeuten*in?

	Unwichtig	Eher unwichtig	Teils-teils	Eher wichtig	Wichtig
Geschlecht	○				
Schnelle Terminvergabe		○			
Örtliche Nähe der Praxis	○				
Empfehlungen / Rezensionen		○			
Qualifikation des*der Therapeuten*in					○
Erfahrung mit der LGBTQIA+ Community / Gruppen		○			

Abb. 6: Auszug aus Patient:innenfragebogen

Tab. 3: Ranking der wichtigsten Merkmale für die Therapeut:innenwahl im Durchschnitt.

Merkmale	M	SD	p(ANOVA)
Qualifikation	4.33	0.93	n.s.
Schnelle Terminvergabe	4.28	0.81	n.s.
Örtliche Nähe	3.91	0.97	n.s.
Empfehlung	3.82	0.97	n.s.
Geschlecht	2.63	1.33	.013*
LGBTQIA+-Erfahrung	2.33	1.17	n.s.

Legende: Gesamtstichprobe N = (180); $p>.05$ bei n.s.; Einzelvergleich zu »Geschlecht« ergibt einen signifikanten Unterschied zwischen Männer und Frauen mit $p=.0023$ und $eta 2= .065$
Rating: 1 unwichtig – 5 wichtig

Wie ersichtlich, ist die Qualifikation das wichtigste Merkmal. Wenn Menschen eine:n Psychotherapeut:in suchen, dann suchen die nicht in erster Linie nach einer Frau oder einem Mann, sondern nach qualifizierten Psychotherapeut:innen mit einer möglichst schnellen Terminvergabe. Die Durchschnittswerte sind sehr hoch. Das heißt: Qualifikation und schnelle Terminvergabe ist das, was die Menschen, die Psychotherapie suchen, wollen. Die örtliche Nähe ist dabei auch nicht ganz unwichtig. Das Geschlecht spielt hier wiederum nur eine mittlere Rolle. Interessant ist aber, dass sich Männer und Frauen nur bei der Geschlechtspräferenz signifikant unterscheiden, dergestalt, dass Frauen etwas häufiger eine Geschlechterpräferenz äußern als Männer. Und in welche Richtung das geht, das sehen wir in Abbildung 7 sowie in Tabelle 4.

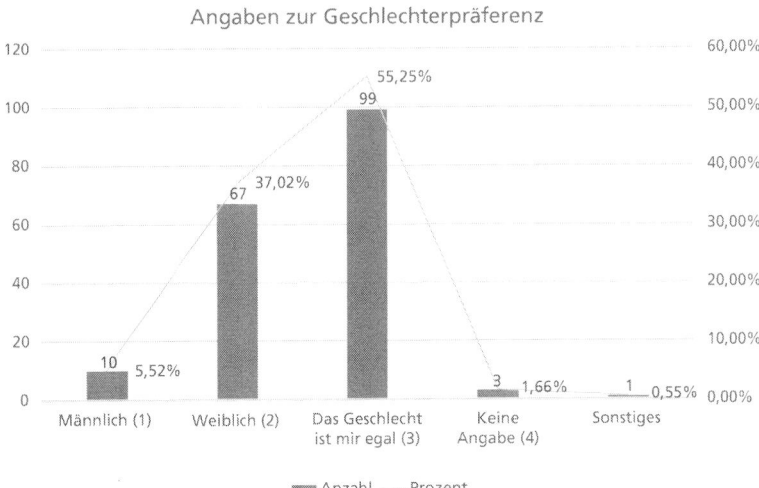

Abb. 7: Angaben der Patient:innen zur der Geschlechterpräferenz

Tab. 4: Geschlechterzuordnung der Antworten

Geschlechtszuordnung Antworten	Männlicher Patient	Weibliche Patientin	Patient:in offen/ sonstiges	keine Angabe	Anzahl
Männlich	5 (10 %)	5 (4 %)	0	0	10
Weiblich	11 (22 %)	55 (45 %)	1	0	67
Egal	31 (65 %)	63 (50 %)	3 (50 %)	2	99
keine Angabe	*1*	*1*	*1*	*0*	*3*
Offen/Sonstiges	0	0	01	0	1
Anzahl	48	124	6	2	180

In Abbildung 7 sind die noch nicht nach Geschlecht der Patient:innen differenzierten Angaben zu sehen: Insgesamt geben 55,25 % der Patient:innen an, dass ihnen das Geschlecht ihrer Therapeut:innen egal ist. Sofern eine Präferenz besteht, tendiert diese zu Therapeutinnen (37,02 %). Bevorzugt männliche Therapeuten aufsuchen wollen nur wenige (5,52 %).

In Tabelle 4 sind die Ergebnisse differenziert nach dem Geschlecht der Patient:innen: 65 % der männlichen Patienten ist das Geschlecht egal, 10 % wollen lieber zu einem Mann und 22 % würden eine Frau präferieren. Bei den Patientinnen sind es nur 50 %, denen das Geschlecht ihres:r Therapeut:in egal ist. Nur sehr wenige Patientinnen möchten zu einem Mann in Behandlung (4 %). Das sind deutliche Unterschiede.

Fazit

Welches Fazit können wir nun ziehen? Zunächst einmal ein paar Zitate:

- »Zuerst muss die Bereitschaft vorhanden sein, Gender in seinen verschiedenen Dimensionen überhaupt als relevant für die eigene Arbeit zu erkennen.«[48]
- »Therapeuten, die sich des eigenen geschlechtsstereotypen Verhaltens bewusst sind, können sich auch darüber hinwegsetzen und sowohl männliche als auch weibliche Rollenideale übernehmen, was eine wichtige therapeutische Qualität darstellt.«[49]
- »Es muss möglich sein auch als Therapeut eine Mutterübertragung zuzulassen ohne mich unmännlich zu fühlen oder als Therapeutin eine Vaterübertragung zulassen zu können … und dann gibt es noch die Geschwisterübertragungen etc. die leider zu wenig beachtet werden.«[50]
- Weil ein:e gute:r Therapeut:in »eben mütterliche und väterliche Anteile wirklich integriert haben muss.«[51]

Wir sollten uns des eigenen geschlechtsstereotypischen Verhaltens (und der inneren Haltungen) bewusst sein. Wenn wir therapieren, dann ist es unsere

---

48 Schigl B (2021), S.
49 Sonnenmoser M (2021)
50 Giesemann, persönliche Mitteilung am 31.03.2022
51 Seiffge-Krenke, persönliche Mitteilung am 02.03.2022

Aufgabe, das zu reflektieren. In der Therapie habe ich die Aufgabe, mich mit Geschlechterrollen auseinanderzusetzen: Was heißt meine Art zu sein für die Therapie, also auch meine Art als Mann zu sein, für die Therapie? Das beinhaltet auch, dass wir in uns *fluide Resonanzräume* eröffnen, z. B. dergestalt, dass wir Mutter-, Vater- und Geschwisterübertragungen zulassen können, dass wir diese Teile in uns finden können, dass bspw. ich als Mann auch »mütterliche« Anteile in mir finden kann bzw. diese in meiner Persönlichkeit integriert haben sollte. Ich muss in meiner Therapeut:innenrolle reflektieren, wo ich selbst den Klischees, die am Anfang genannt wurden, entspreche und wo nicht. Wie kann ich diesen Resonanzraum, der möglichst viel Fluides in sich bereithält, öffnen, entwickeln oder erweitern? Dass ich mich innerlich bewegen kann, ohne gleich das alles sein zu müssen, aber dass es eine Möglichkeit gibt, mich da einfinden, einfühlen und in Resonanz gehen zu können. Das ist eigentlich unsere Aufgabe, denke ich. Denn wir können unser Geschlecht ja nicht mal eben je nach Patient oder Patientin wechseln. Wir sind nun mal so, wie wir sind. Und das heißt, wir müssen diese innere Arbeit leisten. Schigl[52] bezeichnet das als »doing gender«. Und insgesamt zeigen die Befunde ja auch, dass das meistens gut gelingt.

Literaturverzeichnis

Barkham M, Lutz W, Castonguay LG (Hg) (2021) Bergin and Garfield's Handbook of Psychotherapy and Behavioral Change. 7. Auflage. New York: Wiley.

Becker-Fischer M, Fischer G (2008) Sexuelle Übergriffe in Psychotherapie und Psychiatrie – Orientierungshilfen für Therapeut und Klientin. 3. Auflage. Heidelberg: Asanger.

Bergin AE, Garfield SL (Hg) (1994) Handbook of Psychotherapy and Behavior Change. 4. Auflage. New York: Wiley.

---

52 Schigl B (2021); Schigl B (2022)

Beutler LE, Crago M, Arizmendi TG (1986) Research on therapist variables in psychotherapy. In: Garfield SL, Bergin AE (Hg) Handbook of psychotherapy and behavior change. 3. Auflage. New York: Wiley, 257–310.

Beutler LE, Malik M, Alimohamed S, Harwood TM, Talebi H, Noble S, Wong E (2004) Therapist variables. In: Lambert MJ (Hg) Bergin and Garfield's Handbook of Psychotherapy and Behavior Change. 5. Auflage. New York: Wiley, 227–306.

Billingsley D (1977) Sex bias in psychotherapy: an examination of the effects of clients sex, clinical pathology, and therapists sex on treatment planning. Journal of Consulting and Clinical Psychology 45(2), 250–256.

Burlingame GM, Strauß B, Joyce AS (2013) Change Mechanisms and Effectiveness of Small Group Treatments. In: Lambert MJ (Hg.) Bergin and Garfield's handbook of psychotherapy and behavior change. 6. Auflage. Hoboken: Wiley, 640–689.

Chesler P (1971) Women as psychiatric and psychotherapeutic patients. Journal of Marriage and the Family 33(4), 746–759.

Gehart DR, Lyle RR (2001) Client experience of gender in therapeutic relationships: an interpretive ethnography. Family Process 40(4), 443–458.

Haynal A (1989) Die Technik-Debatte in der Psychoanalyse. Frankfurt am Main: Fischer.

Jones EE, Krupnick JH, Kerig PK (1987) Some gender effects in a brief psychotherapy. Psychotherapy 24(3), 336–352.

Kirschner LA, Genack A, Hauser ST (1978) Effects of gender on short-term psychotherapy. Psychotherapy: Theory, Research, and Practice 15(2), 158–167.

Larisch A, Heuft G, Engbrink S, Brähler E, Herzog W, Kruse J (2013) Behandlung psychischer und psychosomatischer Beschwerden — Inanspruchnahme, Erwartungen und Kenntnisse der Allgemeinbevölkerung in Deutschland. Zeitschrift für Psychosomatische Medizin und Psychotherapie 59(2), 153–169.

Lerman H (1978) Some thoughts on cross-gender psychotherapy. Psychotherapy: Theory, Research, and Practice 15(3), 248–250.

Mogul KM (1982) The Sex of the Therapist. The American Journal of Psychiatry 139, 1–11.

Morschitzky H (2007) Psychotherapie Ratgeber. Ein Wegweiser zur seelischen Gesundheit. Berlin: Springer.

Ogrodniczuk JS, Staats H (2002) Psychotherapie und Geschlechtszugehörigkeit. Brauchen Männer und Frauen unterschiedliche Behandlungen? Zeitschrift für Psychosomatische Medizin und Psychotherapie 48(3), 270–285.

Ogrodniczuk JS, Piper WE, Joyce AS (2004) Differences in men's and women's responses to short-term group psychotherapy. Psychotherapy Research 14(2), 231–243.

Schigl B (2021) Doing Gender im therapeutischen Prozess – eine Grundlage für Genderkompetenz in der Psychotherapie. Psychotherapeutenjournal 20(2), 120–125.

Schigl B (2022) Gender als maßgebliche Perspektive in der Psychotherapie. Psychotherapie 67, 283–287.

Schmalbach I, Albani C, Petrowski K, Brähler E (2022) Client-therapist dyads and therapy outcome: Does sex matching matters? A cross-sectional study. BMC Psychol 10, 52.

Sellschopp-Rüppell A, Dinger-Broda A (2007) Geschlechtsspezifische Aspekte in der Psychotherapie. In: Senf W, Broda M (Hg) Praxis der Psychotherapie. Ein integratives Lehrbuch. 4. Auflage. Stuttgart: Thieme, 114–119.

Senf W, Broda M (Hg) (2007) Praxis der Psychotherapie. Ein integratives Lehrbuch. 4. Auflage. Stuttgart: Thieme.

Senf W, Broda M (Hg) (2012) Praxis der Psychotherapie. Ein integratives Lehrbuch. 5. Auflage. Stuttgart: Thieme.

Sonnenmoser M (2011) Psychotherapie mit Männern: Was sie wirklich wollen. Ärzteblatt PP 10, 405.

Staczan P, Schmuecker R, Koehler M, Berglar J, Crameri A, Wyl A von, Koemeda-Lutz M, Schulthess P, Tschuschke V (2017) Effects of sex and gender in ten types of psychotherapy. Psychotherapy research: Journal of the Society for Psychotherapy Research 27(1), 74–88.

Genderaspekte in Gruppenpsychotherapie

Bernhard Strauß

»Doing Gender« in der Psychotherapie ist eine relativ neue Entwicklung in der klinischen Praxis[53]. Obwohl Geschlechteraspekte in Therapietheorien unterschiedlich ausgeprägt immer schon eine Bedeutung hatten, ist eine zunehmende Sensibilität für Geschlechteraspekte in der psychotherapeutischen Behandlung vermutlich auch durch allgemeine gesellschaftliche und wissenschaftliche Diskurse der letzten Jahre mit angestoßen worden[54]. In der Genderforschung blicken wir inzwischen auf vielfältige Geschlechtertheorien, die zum einen zeigen, dass wir eine ausgeprägte Diversifizierung des Geschlechts beobachten können[55], die sich auch in juristischen und alltäglichen Phänomenen widerspiegelt, man denke bspw. an die Ermöglichung eines dritten Geschlechtes, die bevorstehende Reform des sog. Transsexuellengesetzes oder die große, wenngleich kontroverse Sensibilität für das Geschlechterthema in der Sprache.

Demgegenüber weisen Soziolog:innen[56] darauf hin, dass sich Geschlechterstereotype in einem nicht unbeträchtlichen Anteil der Bevölkerung durchaus auch wieder restituieren, was unter dem Stichwort einer »Retraditionalisierung« zu beobachten ist. Diese Phänomene und die Debatten um das Geschlecht, um Cis-, Trans- und dazwischenliegende Identitäten prägen unsere heutige Gesellschaft und bilden gewissermaßen einen sozialen Makrokosmos, in dem auch Psychotherapie und Gruppenpsychotherapie stattfinden.

---

53 Schigl B (2022)
54 Villa B (2009)
55 Kahl K et al. (2022)
56 Manzei-Gorsky A (2022)

Geschlechtsunterschiede und Geschlechterpassung in der Einzeltherapie

Da sich dieser Beitrag primär auf Genderaspekte in der Gruppenpsychotherapie konzentriert, sei nur kurz darauf hingewiesen, dass die Psychotherapieforschung bisher zu geschlechtsspezifischen Aspekten in der Psychotherapie nach wie vor vermutlich als unzureichend gesehen werden kann, was sich z.B. darin ausdrückt, dass in vielen Lehrbüchern der Psychotherapie dieser Aspekt zumindest nicht explizit aufgegriffen ist.

Eine Ausnahme stellte das von Senf und Broda herausgegebene Lehrbuch »Praxis der Psychotherapie«[57] dar, in dem (in der vierten Auflage) Sellschopp-Rüppell und Dinger-Broda[58] in einem Kapitel zu dem Thema zu der Auffassung kommen, dass »die Bedeutung des Geschlechts [...] für den Beginn und Verlauf, die Wahl des therapeutischen Verfahrens und mögliche Kombinationen sowie insbesondere den Erfolg von Psychotherapien nach klinischer Erfahrung und ersten spärlichen empirischen Befunden eine determinierende Einflussvariable« darstelle. Die Autorinnen monieren, dass dieser Einfluss »ein Stiefkind des Interesses« geblieben sei und das Thema auch in den Aus- und Weiterbildungscurricula weitgehend fehle. In den Folgeauflagen des Lehrbuches 2012 und 2021 war das Kapitel zu den geschlechtsspezifischen Therapieeffekten bezeichnenderweise verschwunden.

In der Forschungsliteratur finden sich über die letzten Jahrzehnte unterschiedliche Auffassungen bzgl. der Geschlechterpassungen, die vereinzelt darauf hindeuten, dass gleichgeschlechtliche Patient:innen-Therapeut:innen-Dyaden potentiell erfolgreichere Behandlungen generierten[59]. Dies führte in der feministischen Literatur schon früh zu der Forderung, dass männliche Psychotherapeuten darauf verzichten sollten, weibliche Patientinnen zu behandeln[60]. Relativ unstrittig ist es, dass bei geschlechtsspezifischen Themen bzw. Erfahrungen eine gleichgeschlechtliche Dyade zu

---

57 Senf W, Broda M (2007)
58 Sellschopp-Rüppell A, Dinger-Broda A (2007), S. 199
59 Beutler LE et al. (1994)
60 Rich A (1972)

bevorzugen sei, so bspw. bei Problemen im Kontext von Sexualität, Reproduktion, aber auch Erfahrungen mit sexualisierter Gewalt und Traumatisierung.

Im Großen und Ganzen finden sich in der Literatur bzgl. der potentiellen Passungen aber mehr klinische Erfahrungsberichte und Vermutungen als handfeste Evidenz. So wird bspw. von Schigl[61] angenommen, dass männliche Patienten möglicherweise einem männlichen Therapeuten gegenüber mehr Leistungsdruck empfinden als gegenüber einer Psychotherapeutin. Schigl weist auch zurecht darauf hin, dass es sowohl für die gleichgeschlechtliche als auch gegengeschlechtliche Behandlung Argumente gäbe, die aber reflektiert werden sollten. Schigl spricht hier von »Doing Gender«. Dieses *Doing Gender*[62] meint, dass Geschlecht nicht (nur) etwas ist, was wir qua Biologie statisch besitzen, sondern auch etwas, das permanent in unseren Interaktionen miteinander hergestellt wird. So bestätigen wir einander als Frauen und Männer in unserer Geschlechtsidentität. Das bietet auch die Erklärung dafür, warum Menschen, die sich der binären Kategorisierung in ihrem Aussehen und Handeln entziehen, so große Irritationen auslösen. Doing Gender zeigt sich in allen Interaktionen – modifiziert durch weitere Diversity-Merkmale wie Alter oder ethnische, (sub)kulturelle Zugehörigkeit (s. u.). Nachdem jede alltägliche wie auch professionelle Interaktion subtil von Doing Gender geprägt ist, können wir davon ausgehen, dass diese Phänomene auch in der psychotherapeutischen Behandlung stattfinden.

Bestimmte Zuschreibungen, die allgemein mit den (binären) Geschlechtern verbunden sind, scheinen auch in der Psychotherapie eine Rolle zu spielen, so gelten sowohl männliche Patienten als auch Therapeuten als handlungsorientierter, strukturierender, problemfokussierter etc., während Patientinnen und Therapeutinnen eher beziehungs- und gefühlsorientiert und ganz allgemein als »mütterlicher« gesehen werden. Die von Berger[63] dargelegten Zuschreibungen zu Männern und Frauen werden somit auch in der Psychotherapie eine Rolle spielen (▶ Tab. 5).

---

61 Schigl B (2022)
62 West C, Zimmermann DH (1987)
63 Berger U (2022)

Tab. 5: Traditionelle Zuschreibungen der männlichen und weiblichen Geschlechtsrolle

Dimension	Männer	Frauen	Erfassung/Skala
Gesellschaft	verändernd, weltgewandt	bewahrend, häuslich	Philosophischer Diskurs
	Vollzeit-erwerbstätig	nicht oder Teilzeiterwerbstätig	Statistik Erwerbsarbeit
	rebellisch	normorientiert	Soziologische Analyse (Geschlechtsrollen-Theorie)
	karriereorientiert	gemeinschaftsorientiert	
Persönlichkeit	aggressiv, aufbrausend	weniger aggressiv, besonnen	Hormonstatus Testosteron
	selbstsicher, gelassen	emotional, sorgenvoll	NEO-Neurotizismus
	süchtig	nüchtern	DEGS1-Daten
	genießend	vorausschauend	Lebensstil-Studien
	unvernünftig	vernünftig	Erfragung Verhalten
	draufgängerisch, leichtsinnig	behutsam, vorsichtig	Analyse Statistik Unfälle
	rücksichtslos, narzisstisch	empathisch	NEO-Verträglichkeit
	kompetitiv	kooperativ	NEO-Verträglichkeit
	mehr leistungsmotiviert	weniger leistungsmotiviert	LM-B5T
	mehr machtmotiviert	weniger machtmotiviert	MM-B5T
	mehr sicherheitsmotiviert	weniger sicherheitsmotiviert	SM-B5T
Sexualität	dominant	unterwürfig	Befragungen

Tab. 5: Traditionelle Zuschreibungen der männlichen und weiblichen Geschlechtsrolle – Fortsetzung

Dimension	Männer	Frauen	Erfassung/Skala
	werbend	wählend	Verhaltensbiologie (Analogie zum Tierreich)
	erobernd	hingebungsvoll	
	sadistisch	masochistisch	Befragungen
	groß	klein	Körpergröße (Messung)
	muskulös, markant	grazil, kurvig	Figur (Beschreibung)
	schwer	*leicht*	Körpergewicht (Messung)

Anmerkung: *kursiv* = Eigenschaften, die eher lebensverkürzend wirken; **fett** = Eigenschaften, die eher lebensverlängernd wirken

Diese Aspekte spiegeln sich auch in unterschiedlichen Therapiezielen, wie sie Patientinnen bzw. Patienten nennen. Dinger-Broda[64] hat hierzu berichtet, dass Patientinnen als Therapieziele häufiger eine Zunahme des Selbstbewusstseins, die Fähigkeit der Bedürfniswahrnehmung und die Abgrenzungskompetenz nennen, während Patienten häufiger eine berufliche Konfliktsituation klären wollen und den Umgang mit Konkurrenz- und Leistungsdruck zu verbessern wünschen.

Für die Geschlechterfrage in der Psychotherapie ist es von grundlegender Bedeutung, dass die Grundverteilung von Männern und Frauen sowohl bei den Patient:innen wie auch bei den Therapeut:innen sehr ungleich ist und man kann nach den epidemiologischen Daten davon ausgehen, dass die Patient:innen, die Psychotherapie aufsuchen, etwa zu zwei Drittel weiblichen Geschlechtes sind. Statistiken von Berufsverbänden, aber auch Ausbildungsinstitutionen zeigen, dass die aktuelle Verteilung von Frauen und Männern in der psychotherapeutischen Praxis zumindest auf dem Weg ist, noch extremer zu werden. So nahmen an der staatlichen Prüfung für psychologische Psychotherapeut:innen und Kinder- und Ju-

---

64 Dinger-Broda A zitiert nach Sonnenmoser M (2007)

gendlichenpsychotherapeut:innen im Jahr 2020 nach der Statistik des IMPP 85% Frauen und nur 15% Männer teil.

Ob das Geschlecht sich tatsächlich auf den Therapieerfolg auswirkt, ist nach wie vor nicht eindeutig geklärt. Es gibt einige wenige Belege für Geschlechtsunterschiede[65] mit einem Vorteil für Psychotherapeutinnen. Spätere systematische Übersichten und Metaanalysen zeigen dagegen, dass das Geschlecht des Therapeuten bzw. der Therapeutin für den Therapieerfolg allenfalls geringfügig bedeutsam ist. In der fünften Auflage des *Handbook of Psychotherapy and Behaviour Change* von 2004 folgern Beutler et al.[66] »If any conclusion is wanted, it is that contemporary research has demonstrated even less of a predictable relationship between therapist, sex and outcome than previously reported.« In der letzten Auflage des gleichnamigen Handbuchs, erschienen 2021[67] kommen die Autoren des Kapitels zu den Patient:innenfaktoren zu dem Schluss, dass der Einfluss des Patient:innengeschlechts bzw. der Geschlechtsidentität den vorliegenden Befunden nach »inkonsistent sei«[68]. Oft gibt es keinen Zusammenhang. Allerdings ist zu bedenken, dass in vielen Studien Geschlecht und Geschlechtsidentität nur sehr pauschal erfasst und oftmals nicht kontrolliert wurden. Im entsprechenden Kapitel zu den Therapeut:innenfaktoren und dem Therapieerfolg kommen die Autoren zu dem Schluss, dass es für den Einfluss des Therapeut:innengeschlechts »eigentlich nur nicht-supportive Studien« gäbe[69]. Auf die Schwierigkeit, systematisch unterschiedliche Geschlechterkonstellationen im Hinblick auf den Therapieerfolg und den Prozess von Psychotherapie zu untersuchen, wurde von vielen Autor:innen hingewiesen, da eine letztlich verlässliche Überprüfung des Einflusses von Geschlechtskombinationen naturgemäß sehr aufwendige, kontrollierte Studien mit vergleichsweise großen Stichproben erforderlich machen würde. Dementsprechend ist es nicht überraschend, dass hierzu kaum Befunde vorliegen und die Kenntnisse zu diesen Aspekten sich bislang

---

65 Beutler LE et al. (1994)
66 Beutler LE et al. (2004), S. 233
67 Barkham M et al. (2021)
68 Constantino M et al. (2021)
69 ebenda

hauptsächlich auf klinische Erfahrungen und theoretische Überlegungen beziehen, wie sie bspw. Schigl[70] intensiv zusammengefasst hat.

Bedeutung des Geschlechts in der Gruppenpsychotherapie

Wie eingangs erwähnt, ist davon auszugehen, dass sich gesellschaftliche, kulturelle und öffentliche Diskurse über das Geschlecht im Sinne eines Teiles unseres Makrokosmos in Gruppen widerspiegeln. Auf Szyz[71] geht die Konzeption zurück, dass therapeutische Gruppen letztendlich einen sozialen Mikrokosmos darstellen, in dem sich die gesamte Umwelt reflektiert. Dies wurde bspw. auch in dem Modell horizontaler und vertikaler Schnittstellen von Gruppen berücksichtigt (▶ Abb. 8).

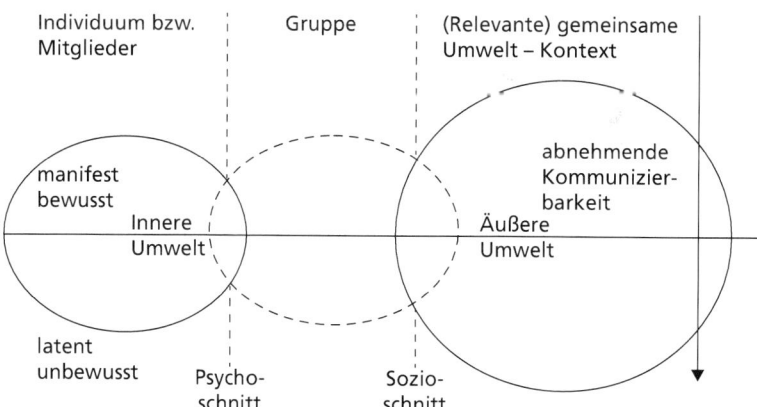

Abb. 8: Horizontale und vertikale Schnittstellen von Gruppen[72]

---

70 Schigl B (2022)
71 Szyz HC (1923)
72 aus König O (2018), S. 20

In der Gruppe werden (vermittelt über den so genannten »Psychoschnitt«) sowohl die manifesten und unbewussten Aspekte der inneren Umwelt einzelner Gruppenmitglieder wie auch die Aspekte der Umwelt über den »Sozioschnitt« repräsentiert. Entsprechend ist es bspw. nicht verwunderlich, dass sich traditionelle Zuschreibungen von Geschlechtsrollen ebenso in der Gruppe widerspiegeln wie die diversen Aspekte des Geschlechterverhältnisses, einschließlich der Aspekte struktureller Gewalt.

Im Kontext der Zusammenfassung von Forschungsbefunden zu Gruppenpsychotherapie wurde von Burlingame et al.[73] ein Modell zu den Faktoren entwickelt, die die Ergebnisse von Gruppenpsychotherapie beeinflussen (▶ Abb. 9).

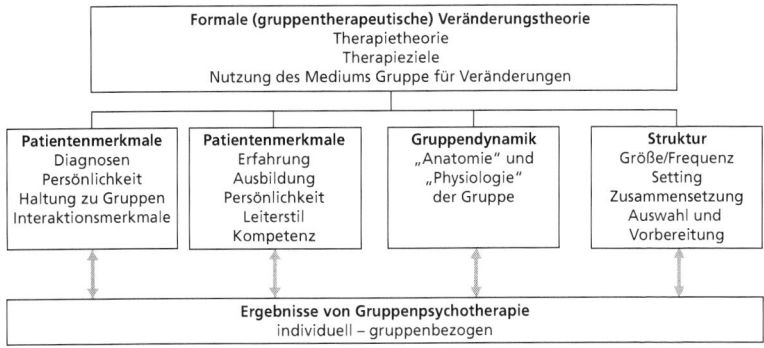

Abb. 9: Ein allgemeines Modell relevanter Einflussfaktoren auf das Ergebnis von Gruppenpsychotherapien[74]

Dieses Modell macht die Besonderheiten von Gruppenpsychotherapie deutlich, die darin liegen, dass die Therapietheorie im Gruppenkontext sicher in der Regel erweitert ist durch spezifische Annahmen zur Nutzung des Mediums Gruppe für Veränderungen (*formale Veränderungstheorie*), und dass *strukturelle Gegebenheiten*, wie die Zusammensetzung der Gruppe, aber auch die Auswahl der Mitglieder und die Vorbereitung derselben von

---

73 Burlingame GM et al. (2004)
74 aus Strauß B (2022), S. 37, Darstellung in Anlehnung an Burlingame GM et al. (2004)

besonderer Bedeutung sind. *Patient:innenmerkmale* und *Gruppenleiter:innenmerkmale* spielen in Analogie zur Einzeltherapie naturgemäß eine Rolle, wobei der Faktor *Gruppendynamik*, der in dem Modell dargestellt ist, sicherlich die Besonderheit der Gruppe am deutlichsten beschreibt. Die therapeutischen Gruppen folgen wie andere Gruppen auch dynamischen Gesetzmäßigkeiten und sozialpsychologischen Prozessen, die von besonderer Bedeutung sind, um Gruppen erfolgreich zu gestalten und therapeutisch optimal zu nutzen.

Zu den gruppendynamischen Faktoren, die unter diesem Aspekt subsummiert sind, finden sich in der Regel auch gruppenspezifische Wirkfaktoren, deren Konzeption zu Unrecht Irvin Yalom zugeschrieben werden, die schon früher durch Corsini und Rosenberg[75] in die Gruppenliteratur eingebracht wurden. Zu diesen Gruppenwirkfaktoren gehören etwa Allgemeingültigkeit, Kohäsion, Altruismus, Einflößen von Hoffnung, Selbstöffnung, Katharsis, stellvertretendes Lernen und Anleitung sowie eine mögliche Rekapitulation familiärer Beziehungserfahrungen, interpersonelles Lernen und Einsicht/Erkenntnis. Unter einer Geschlechterperspektive kann man hier schon vermuten, dass bestimmte Gruppenwirkfaktoren wie bspw. Altruismus, Selbstöffnung, aber auch die Rekapitulation familiärer Beziehungserfahrungen aus einer Genderperspektive unterschiedlich relevant bzw. in unterschiedlicher Weise bedeutsam sein dürften.

Geschlechterrelevante Befunde aus der Gruppendynamik

Wie oben erwähnt ist die Gruppendynamik unzweifelhaft eine extrem wichtige Zutat des Geschehens in gruppenpsychotherapeutischen Behandlungen. Im Gegensatz zu ihrer theoretischen Bedeutung wird die

---

[75] Corsini RJ, Rosenberg B (1955)

Gruppendynamik in der gruppentherapeutischen Praxis (auch in der Aus- und Weiterbildung) vermutlich recht stiefmütterlich behandelt. Erst in jüngster Zeit wurde von Parks und Tasca[76] der Versuch unternommen, die Verbindung zwischen Sozialpsychologie und Psychotherapieforschung im Sinne einer Psychologie der Gruppe zu bearbeiten und zusammenzufassen. Bezüglich der Literatur zur Gruppendynamik sei auf das Standardwerk von Forsyth[77] hingewiesen. Gruppendynamik lässt sich entsprechend eines Modells von Burlingame et al.[78] differenzieren in strukturelle Aspekte der Gruppe (die »Anatomie« der Gruppe), unter denen vorgegebene Strukturmerkmale ebenso bedeutsam sind wie eine »entstehende Struktur«, zu der spezifische Phasen der Gruppenentwicklung, der Bildung von Subgruppen und der Entwicklung von Gruppennormen gehören. Demgegenüber wird der Gruppenprozess oder die »Physiologie der Gruppe« als Grundlage für potentielle Veränderungsmechanismen in der Gruppe und den interpersonalen Austausch gesehen. Diese »Gruppenphysiologie« wird konstituiert durch die basalen gruppendynamischen Prozesse wie Rollenübernahme, Rangdynamik, aber auch den Umgang mit Macht, Konflikten, Konformität etc. Auch die oben erwähnten Wirkfaktoren der Gruppenpsychotherapie würde man diesem Aspekt der Gruppendynamik zuordnen.

Kurz zusammengefasst lässt sich bspw. aus dem Standardwerk von Forsyth entnehmen, dass Geschlechtsaspekte schon bei der Formierung von Gruppen eine Rolle spielen. Offensichtich suchen Frauen eher kleine, informelle und intimere Gruppen, während Männer eher zielorientierte, größere und formelle Gruppen suchen. Dies reflektiert Unterschiede in der interpersonalen Orientierung, aber auch Rollenunterschiede und kulturelle Stereotype. Bei der Entwicklung von Kohäsion scheint es keinen systematischen Bezug zwischen der Kohäsionsbildung und Geschlechterdiversität bzw. -homogenität zu geben[79].

Die gruppendynamische Literatur berichtet, dass Frauen und Männer unterschiedlich auf Ausgrenzungserlebnisse in Gruppen reagieren: Frauen

---

76 Parks CD, Tasca GA (2020)
77 Forsyth DR (2014)
78 Burlingame GM et al. (2008)
79 Forsyth DR (2014)

neigen eher, auf Ausgrenzung und Zurückweisung mit versöhnungsorientierten Aktivitäten (»tend and befriend«) zu reagieren, während Männer schneller dazu neigen, entweder zu flüchten oder zu kämpfen (»flight or fight«)[80].

Im Hinblick auf die Performance (Aufgabenbewältigung) von Gruppen gibt es der gruppendynamischen Literatur offensichtlich komplexe Beziehungen, unter denen der Interaktionsstil (Ziel- versus Beziehungsorientierung) der am meisten geschlechterabhängige Faktor ist (und mit der Aufgabenart deutlich kovariiert)[81].

In diesem Kontext sind gesellschaftliche Veränderungen bedeutsam, die in unterschiedlichen Gruppen in den letzten Jahrzehnten zu beobachten sind und die bspw. eine Entwicklung von mehr geschlechterhomogenen zu mehr geschlechtergemischten Gruppen reflektieren. Man denke bspw. an Orchester, die bis vor wenigen Jahrzehnten noch absolut männlich dominiert waren. Möglicherweise ist es auch der Revolte der späten 1960er Jahre zu verdanken, dass sich hier insgesamt Änderungen vollzogen und auch Gruppen neu konstituiert haben, was bspw. von Richter[82] in seinem epochalen Werk »Die Gruppe« deutlich zum Ausdruck gebracht wurde.

Von Relevanz sind die gruppendynamischen Befunde zum Leitungsverhalten. Wie oben bereits erwähnt, gibt es in Gruppen unterschiedliche Aufgaben, die auch unterschiedliche Leitungsstile erforderlich machen. Trotz der oben beschriebenen kulturellen Änderungen scheint es nach wie vor so zu sein, dass Männer eher agentisch und Frauen eher kommunal agieren, wenn sie Gruppen leiten. In Gruppen, die keine dezidierte Leitung haben, scheinen Männer sehr viel eher die Leitungsrolle zu übernehmen als Frauen, was durchaus als ein Spiegel der nach wie vor bestehenden Realität gesehen wird, man denke z. B. nur an die Verteilung von Leitungspositionen in Industriekonzernen.

Dieser Trend, demzufolge Männer sich eher zum Leiter machen, widerspricht den gruppendynamischen Befunden zur Qualität und zur Effektivität der Gruppenleitung, die deutlich machen, dass vermutlich aufgrund diverser Persönlichkeitsmerkmale und geschlechtsspezifischer Skills

---

80 ebenda
81 ebenda
82 Richter HE (1972)

Frauen eigentlich die besseren Gruppenleiterinnen wären: »Although women are more qualified to be leaders, they are less likely to become leaders.[83]«

Weitere Befunde aus der gruppendynamischen Welt legen nahe, dass die Gegenwart von Personen des anderen Geschlechts Männer und Frauen in ihrem Verhalten beeinflusst: Männer verhalten sich in Gegenwart von Frauen engagierter, weniger aggressiv und sind weniger auf Wettbewerb bzw. Rivalität mit anderen Männern ausgerichtet (es sei denn, sie rivalisieren mit anwesenden Frauen). Frauen sind in Gegenwart von Männern im Sinne ihres beobachtbaren Verhaltens eher passiv und weniger engagiert. Männer scheinen in Gruppen mit Frauen häufiger Probleme zu präsentieren mit der impliziten Aufforderung, dass die Frauen diese Probleme doch lösen sollten. In Gegenwart von Frauen sind Männer auch weniger stereotyp maskulin, haben aber mehr Probleme, sich vulnerabel zu zeigen.

In Bezug auf das Kommunikationsverhalten in nicht-therapeutischen Gruppen scheinen die Unterschiede insgesamt gesehen erstaunlich gering. So wird eine Effektstärke von .24 für den Geschlechtsunterschied im Kommunikationsverhalten bzgl. unterschiedlicher Parameter berichtet (auf der Grundlage von insgesamt 15 Metaanalysen). Auch die Tendenz zu mehr Selbstöffnung in Gruppen bei Frauen lässt sich nur mit einem eher geringen Effekt bestätigen (Effektstärke = .18)[84].

Geschlechtsabhängige Effekte von Gruppenpsychotherapien

In den letzten Jahren wurde vielfach beschrieben, dass die Wirksamkeitsnachweise für Gruppenpsychotherapien drastisch zugenommen haben und insgesamt gesehen eindeutig belegen, dass bei einer Vielzahl von

---

83 Eagly AH, Carli LL (2003), S. 815
84 Forsyth DR (2014)

psychischen Störungen Gruppenpsychotherapien hoch wirksam sind[85]. Darüber hinaus kann man davon ausgehen[86], dass in Studien, in denen die Format-Äquivalenz (Einzel- versus Gruppenpsychotherapie) entweder auf der Basis vergleichbarer oder auch unterschiedlicher Manuale untersucht wurden, keinerlei Wirksamkeitsunterschiede zwischen Einzel- und Gruppenpsychotherapie zu verzeichnen sind. Unterschiede wurden auch in diesen systematischen Übersichten und Metaanalysen nicht gefunden bzgl. der Akzeptanzraten, der Remissions- und Besserungsraten und bzgl. der vorzeitigen Abbrüche. Dies führte dazu, dass Yalom und Leszcz[87] die Gruppenpsychotherapie als ein »triple E treatment« bezeichnet haben, wobei die drei E für die Effektivität (im Vergleich zu keiner Behandlung), die Equivalence (im Vergleich zu anderen »bona fide« (Einzel-)Behandlungen) und die Effizienz (bzgl. der Zeit und der Kosten) stehen.

In mehreren Metaanalysen, die bspw. bei Strauß et al.[88] zusammengefasst wurden (▶ Abb. 10), ergaben sich keinerlei Hinweise auf systematische Geschlechtsunterschiede, wobei auch hier anzumerken ist, dass Wirksamkeitsunterschiede in Abhängigkeit vom Geschlecht in vielen Studien nicht systematisch überprüft worden sind.

Bezüglich der Wirksamkeit von Gruppenpsychotherapie kam Burlingame[89] jüngst in seiner Presidental Address als Präsident der American Group Psychotherapy Association zu dem Schluss »The future of group therapy is bright!«, was offensichtlich für beiderlei Geschlecht gilt.

---

85 Burlingame GM, Strauß B (2021)
86 Burlingame GM et al. (2016)
87 Yalom ID, Leszcz M (2020)
88 Strauß B et al. (2020)
89 Burlingame GM (2022)

Genderaspekte in Gruppenpsychotherapie

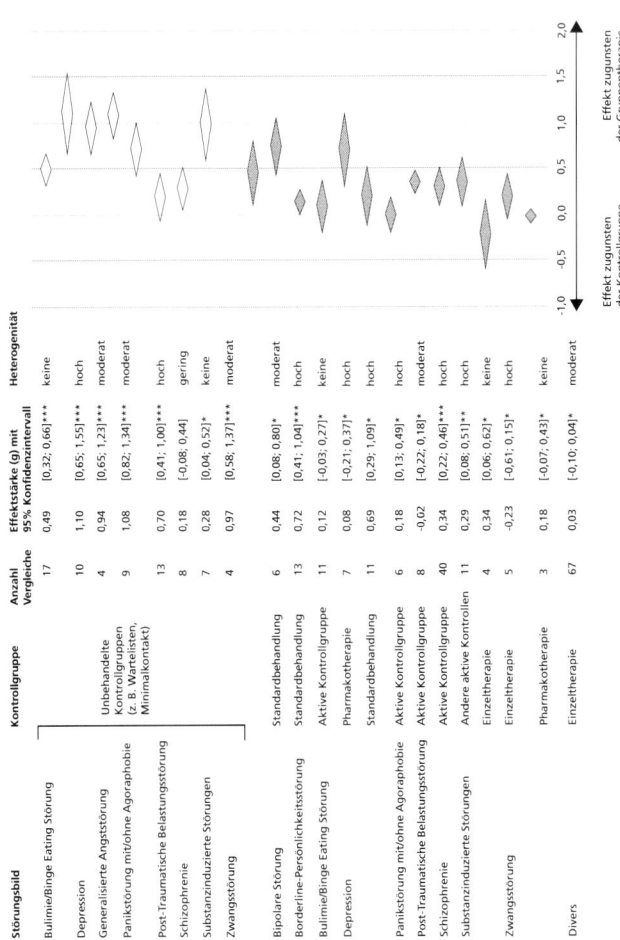

Abb. 10: Überblick über die störungsspezifischen Befunde einzelner Metaanalysen[90]

---

90 aus Strauß B et al. (2020), S. 228

Empirische Befunde zu Gruppenpsychotherapie und Geschlecht

Erwartungsgemäß ist die Anzahl der Studien, in denen das Geschlecht systematisch im Hinblick auf Geschlechteraspekte berücksichtigt wird, sehr dürftig[91]. Einige Studien deuten zwar Geschlechtsunterschiede an, bspw. eine Studie von Ogrodniczuk et al.[92], insgesamt gesehen ist die Befundlage aber uneindeutig. Burlingame et al.[93] kamen zu dem Schluss, dass gemischtgeschlechtliche Gruppen effektiver sind als geschlechtshomogene im Vergleich zu Wartelistenkontrollgruppen. Demgegenüber vermuteten Greenfield et al.[94] eine größere Wirksamkeit für geschlechtshomogene Frauengruppen im Falle einer Substanzabhängigkeit im Vergleich zu gemischtgeschlechtlichen Gruppen, wobei dies insbesondere für Frauen mit ausgeprägterer Symptomschwere galt. Letztendlich schlussfolgern Burlingame et al.[95]: »The diversity of findings regarding composition suggests that there is no simple rule to follow, requiring group leaders to be conversant with relevant research findings.«

Eine der wenigen Prozessstudien zur Geschlechterfrage, die Interaktionskodierungen in einer Gruppe vornahmen, die aus fünf Männern und fünf Frauen bestand, stammt von Rohlfing et al.[96]. Mit dem sehr aufwendigen Symlog-Verfahren wurden insgesamt 5.988 Interaktionen kodiert mit dem Ergebnis, dass der Interaktionsanteil von Frauen höher war, dass Frauen häufiger angesprochen wurden und dass der Großteil der dyadischen Interaktionen zwischen Frauen und Männern stattfand, sehr viel seltener zwischen Männern. Die Autoren berichten, dass Frauen sich in der Studie häufiger expressiv-emotional äußerten, ansonsten fanden sie kaum stereotype Unterschiede. Männer sprachen häufiger negativ über sich selbst. Auf der Basis dieser Ergebnisse schlussfolgern Rohlfing et al.,

---

91 Moreno JK et al. (2005)
92 Ogrodniczuk JS et al. (2004)
93 Burlingame GM et al. (2003)
94 Greenfield SF et al. (2008)
95 Burlingame GM et al. (2013), S. 679
96 Rohlfing S et al. (2014)

dass Gruppen dem »interdependenten Selbstkonzept« von Frauen möglicherweise eher entgegenkommen würden.

Die Geschlechterdynamik in Gruppen ist naturgemäß nicht nur aus der Patient:innenperspektive relevant, sondern auch aus der Perspektive der Gruppenleitung. Holmes[97] hat sich bspw. ausführlich damit auseinandergesetzt, wie die symbolische Bedeutung von Gruppenleiter:innen als Vater und Mutter sehr unterschiedliche Effekte auf die Gruppendynamik und die Entwicklungsprozesse haben können, die insbesondere mit dem universellen Problem der Autonomiegewinnung zu tun haben. Entsprechend wird »empfohlen«, dass Gruppentherapeut:innen immer auch als »gender analysts« fungieren sollten und »Advokaten antiopressiver Gruppen sein sollten«[98]. Gruppenleiter:innen sollten sich gewahr sein, dass es nicht nur bezogen auf die unterschiedlichen Elternfiguren und Rekapitulationen der Familie in der Gruppe geschlechtsspezifische Übertragungsprozesse in Gruppen gibt. So ist beschrieben, dass weibliche Gruppenleiterinnen oft einer »Myriade von geschlechtsbezogenen Übertragungen« begegnen, die auch zu einem Widerstand und einer Nichtanerkennung ihrer Autorität als Gruppenleiterin führen können.[99] Wie oben bereits beschrieben, sind die Erwartungen Frauen gegenüber, eher warm und akzeptierend, weniger ärgerlich und kritisch zu sein. Wenn die Gruppenleiterin diesem Stereotyp widerspricht, werden aggressive und böswillige Reaktionen wahrscheinlicher, was im umgekehrten Fall vermutlich auch, wenn auch weniger ausgeprägt der Fall sein wird.

Yalom[100] hat früh darauf hingewiesen, dass ein Gruppenmodell mit einem gemischt geschlechtlichen Leitungspaar u. U. bestimmte Vorteile hat: »Many patients benefit from the model setting of a male-female pair working together with mutual respect and without the destructive competition, mutual derogation, exploitation, or pervasive sexuality they may associate with male-female pairings.«

---

97 Holmes L (2002)
98 Moreno JK et al. (2005)
99 ebenda
100 Yalom ID (1995)

Tab. 6: Vor- und Nachteile geschlechtshomogener Gruppen

Vorteile	Nachteile
• Für bestimmte klinische Probleme besser geeignet • Mehr Kohäsion und Universalität • Wahrnehmung eher als sichere und empathische Umgebung • Raschere Identifikation untereinander	• Eingeschränkte Möglichkeit, geschlechtsbezogene Dynamiken und Geschlechterbeziehungen, wie sie in der realen Welt vorkommen, zu bearbeiten • Perpetuierung von Geschlechterpolaritäten, Rollenmythologien, Aversion gegen das andere Geschlecht • Größere »Fusionsneigung«

Bezüglich der Frage, ob geschlechtshomogene oder geschlechtsheterogene Gruppen günstiger oder ungünstig sind, gibt es in der Gruppenliteratur wenig empirische Befunde, aber viele klinische Beobachtungen. Tabelle 6 fasst Vor- und Nachteile geschlechtshomogener Gruppen, wie sie in der Literatur genannt werden, zusammen. Die nachfolgenden Auflistungen einige geschlechtsspezifische Aspekte von Frauen- und Männergruppen, die für deren Vorteile stehen dürften.

Geschlechtsspezifische Vorteile von Frauengruppen:

- Reduktion gefühlter Isolation
- Exploration der Geschlechterstereotypisierung
- Identifikation stereotyper Interaktionsmuster → Empowerment
- Mehr Selbstöffnung und Intimität
- Missbrauchs- und Gewaltopfer sind besser aufgehoben
- Ebenso: Frauen in Übergangsphasen, die »extra boost of female support« benötigen
- Besser für die Validierung von frauenspezifischen Erfahrungen

Bernardez[101] äußerte darüber hinaus die Vermutung, Frauengruppen böten eine bessere Möglichkeit für Frauen, speziell Ärger, Konkurrenz und Konflikte mit anderen weiblichen Mitgliedern zu bearbeiten.

Im Gegensatz zu Frauengruppen vermutete Aries[102], dass Männergruppen durch stabile Dominanzmuster und Hierarchien gekennzeichnet seien, durch die Konkurrenz um den Status, eine intellektualisiertere Diskussion und einen geringeren Ausdruck von Gefühlen und weniger persönliche Informationen. Gleichzeitig scheinen Männergruppen diesen auch eher als gemischte Gruppen die Chance zu bieten, echte Emotionen auszutauschen[103]

Geschlechtsspezifische Vorteile von Männergruppen (trotz größerer Skepsis und Abneigung gegenüber Gruppen):

- Teilnahme an nicht-traditioneller männlicher Aktivität (konträr zu verbreiteten Idealen)
- Möglichkeit der Beziehungserfahrung ohne Frauen
- Möglichkeit der Reflexion von Beziehungen zu Männern im bisherigen Leben
- Veranschaulichung des männlichen Verhaltens in Gegenwart anderer Männer
- Verbesserung erwachsener Mann-Mann-Beziehungen
- Erkennen sexistischer Einstellungen als »Opfer und Täter«

Wenn man davon ausgeht, dass die Gruppe einen sozialen Mikrokosmos darstellt[104], dann wären im Großen und Ganzen geschlechtshomogene Gruppen eher artifiziell und würden dem Makrokosmos nicht entsprechen. Demgegenüber bieten gemischtgeschlechtliche Gruppen naturgemäß eine ideale Möglichkeit, geschlechterbezogene Einstellungen und

---

101 Bernardez T (1996)
102 Aries E (1976)
103 Krugman S, Osherson S (1993)
104 Strauß B (2022)

Verhaltensweisen, die häufig auch mit Psychopathologie gekoppelt sind, kritisch zu prüfen, zu reflektieren und zu verändern.

Burlingame et al.[105] kommen bzgl. der Zusammensetzungsfrage von Gruppen zu dem Schluss:

> »For certain topics (e.g., shared traumatic experience, gender-specific issues), homogeneity can be a boon, but for others (e.g., relational problems with the opposite gender) heterogeneity would be preferred. Patients' needs and deficits and the group's purpose and focus are important elements of the context, and there are likely additional parameters that require consideration in order to facilitate composition effects.«

Es ist davon auszugehen, dass alle in Abbildung 9 gezeigten Einflussfaktoren auf das Ergebnis von Gruppenpsychotherapie auch vom Geschlecht der Beteiligten abhängig sind bzw. unter Genderaspekten zu reflektieren sind. Geschlecht – so Rohlfing et al.[106] –»ist nicht der einzige Einflussfaktor auf das menschliche Verhalten [in Gruppen] – Geschlechter und Rollenstereotypen können aber aufrechterhaltende Bedingungen psychischer Beeinträchtigungen sein. Eine genderreflektierte Praxis sollte ... in der Gruppe wie im Einzelsetting ein Anliegen für Psychotherapeut*innen sein«.

Wichtig ist der Hinweis, dass Geschlecht offensichtlich – wenn auch noch viel zu ungenau untersucht – einen Unterschied macht im gruppentherapeutischen Kontext, dass es aber andere Diversitätsfaktoren unter Gruppenmitgliedern gibt, die genauso bedeutsam und wichtig zu berücksichtigen sind. Brabender et al.[107] haben hierzu das ADDRESSING framework entwickelt, das Tabelle 7 zeigt und das deutlich macht, dass Diversität keineswegs nur durch das Geschlecht entsteht.

---

105 Burlingame GM et al. (2013), S. 663
106 Rohlfing S et al. (2014), S. 216
107 Brabender VA et al. (2004)

Tab. 7: Ein Rahmenmodell für Diversität in Gruppentherapien[108]

ADDRESSING framework
A Age (Generation)
D Developmental disability
D Acquiered disabilty
R Religion and spiritual orientation
E Ethnicity
S Socioeconomioc status
S Sexual orientation
I Indigenous heritage
N National origin
G Gender

Fazit

Es ist davon auszugehen, dass alle wesentlichen »Koordinaten« von Gruppenpsychotherapie potentiell auch vom Geschlecht beeinflusst sind. Es gibt relativ klare Befunde für geschlechtsspezifische Aspekte im Gruppenverhalten aus der Gruppendynamik, dagegen sehr viel weniger klare Befunde aus der Gruppenpsychotherapieforschung. Wirksamkeitsstudien legen bislang nicht nahe, dass Gruppenwirksamkeit durch das Geschlecht maßgeblich moderiert wird. Es gibt ein beträchtliches klinisches und teilweise auch empirisches Wissen über die Vorteile und Nachteile geschlechtshomogener und geschlechtsheterogener Gruppen, die bei der

---

108 ebenda, S. 174

Zusammenstellung von therapeutischen Gruppen Berücksichtigung finden sollten.

Literatur

Aries E (1976) Interaction patterns and themes of male, female, and mixed groups. Small group behavior 7, 7–18.
Barkham M, Lutz W, Castonguay LG (2021) Bergin and Garfield's Handbook of Psychotherapy and Behavior Change, 7th Edition. New York: Wiley.
Berger, U. (2022). Männer sterben früher, Frauen leiden mehr – Vom epidemiologischen Paradox zum Genderbewusstsein in der Psychotherapie. Die Psychotherapie, online: doi.org/10.1007/s00278-022-00606-w
Bernardez T (1996) Women's therapy groups as the treatment of choice. In: DeChant B (Ed) Women and group psychotherapy: Theory and practice. New York: Guilford Press, 242–262.
Beutler LE, Machado PPP, Neufeldt SA (1994) Therapist variables. In: Bergin AE, Garfield SL (Eds) Handbook of psychotherapy and behavior change. New York: Wiley, 229–279.
Beutler LE, Malik M, Alimohamed S, Harwood TM, Talebi H, Noble S, Wong E (2004) Therapist variables. In: Lambert MJ (Ed), Bergin and Garfield's Handbook of Psychotherapy and Behaviour Change, 5th Edition. New York: Wiley, 227–306.
Brabender VA, Fallon AE, Smolar AI (2004) Essentials of group therapy. New York: Wiley.
Burlingame GM (2022) The Future of Group Psychotherapy is bright! Presidential Address, Annual Meeting of the AGPA, Denver, March 2022.
Burlingame GM, Strauss B (2021) Efficacy of small group treatment: Foundation for evidence-based practice. In: Barkham M, Lutz W, Castonguay LG (Eds) Bergin and Garfield's Handbook of Psychotherapy and Behavior Change, 50th anniversary edition . New York: Wiley & Sons, 583–624.
Burlingame GM, Fuhriman A, Mosier J (2003) The differential effectiveness of group psychotherapy: A meta-analytic perspective. Group Dynamics: Theory, Research, and Practice 7(1), 3–12.
Burlingame GM, Strauss B, Joyce AS (2013) Change mechanisms and effectiveness of small group treatments. In: Lambert MJ (Ed) Bergin and Garfield's Handbook of Psychotherapy and Behavior Change, 6th Edition. New York: Wiley, 640–689.

Burlingame GM, Seebeck JD, Janis RA, Whitcomb KE, Barkowski S, Rosendahl J, Strauss B (2016) Outcome differences between individual and group formats when identical and nonidentical treatments, patients, and doses are compared: A 25-year meta-analytic perspective. Psychotherapy 53, 446–461.

Constantino M, Boswell J, Coyne A (2021) Patient, therapist and relational factors. In: Barkham M, Lutz W, Castonguay LG (2021) Bergin and Garfield's Handbook of Psychotherapy and Behavior Change, 7th Edition. New York, Wiley, 235–262.

Corsini RJ, Rosenberg B (1955) Mechanisms of group psychotherapy: Processes and dynamics. The Journal of Abnormal and Social Psychology 51, 406–411.

Eagly AH, Carli LL (2003) The female leadership advantage: An evaluation of evidence. The leadership quarterly 13, 807–834.

Forsyth DR (2014) Group dynamics, 5th Edition. Belmont: Wadsworth.

Greenfield SF, Potter JS, Lincoln MS, Popuch RE, Kuper L, Gallop RJ (2008) High psychiatric symptom severity is a moderator of substance abuse treatment outcomes among women in single vs. mixed Gender group treatment, The American Journal of Drug and Alcohol Abuse 34(5),594–602.

Holmes L (2002) Women in group and women's groups: Int Journal Group Psychotherapy 53, 171–188.

König O (2018) Gruppendynamik. In: Strauß B, Mattke D (Hg) Gruppenpsychotherapie – Lehrbuch für die Praxis. Heidelberg: Springer.

Kahl K, Kurz Ch, Martin M (2022) Geschlechtervielfalt. Versorgung aller sicherstellen. Deutsches Ärzteblatt PP 10, 452–457.

Krugman S, Osherson S (1993) Men in group therapy. In: Alonso A (Ed) Group therapy in clinical practice. Washington: APA, 393–420.

Manzei-Gorsky A (2022) Vortrag Lindauer Psychotherapiewochen.

Moreno JK, Kramer L, Scheidegger CM, Weitzman L (2005) Gender and group psychotherapy: A review. Group 29, 351–371.

Ogrodniczuk JS, Piper WE, Joyce ASD (2004) Differences in men's and women's responses to short-term group psychotherapy. Psychotherapy Research 14, 231–243.

Parks CD, Tasca GA (2020) The psychology of groups. Washington: APA.

Rich A (1972). Women and madness. The New York Times Dez 31.

Richter HE (1972) Die Gruppe. Reinbek: Rowohlt.

Rohlfing S, Rembold S, Offer A, Schwarz P, Jankovic L, Baumbach N, Puchner C, Horn E, Tress W, Tschuschke V (2014) Das Geschlecht in der Gruppe oder Das Geschlecht der Gruppe? »Doing Gender« in der Gruppenpsychotherapie. Gruppenpsychotherapie und Gruppendynamik 50(3), 190–218.

Schigl B (2022) Gender als maßgebliche Perspektive in der Psychotherapie. Die Psychotherapie 67, 283–287.

Sellschopp-Rüppell A, Dinger-Broda A (2007) Geschlechtsspezifische Aspekte in der Psychotherapie. In: Senf W, Broda M (2007) (Hg) Praxis der Psychotherapie. 4. Auflage. Stuttgart: Thieme.

Senf W, Broda M (2007) (Hg) Praxis der Psychotherapie. 4. Auflage. Stuttgart: Thieme.
Sonnenmoser M (2007) Theoretisches Desinteresse. Deutsches Ärzteblatt PP 5, 232–234.
Strauß B (2022) Gruppenpsychotherapie – Grundlagen und integrative Konzepte. Stuttgart: Kohlhammer.
Strauß B, Burlingame GM, Rosendahl J (2020) Neuere Entwicklungen in der Gruppenpsychotherapieforschung – ein Update. Psychotherapeut 65, 225–235.
Syz HC (1923/2018) Über eine soziale Auffassung neurotischer Zustände. Gruppenpsychotherapie und Gruppendynamik 54,39–53.
Villa PI (2009) Feministische- und Geschlechtertheorien. In: Kneer G, Schroer M (Hg) Handbuch Soziologische Theorien. Wiesbaden: VS Verlag für Sozialwissenschaften.
West C, Zimmermann DH (1987) Doing gender. Gender and Society 1, 125–151.
Yalom ID (1995) The theory and practice of group psychotherapy. New York: HarperCollins.
Yalom ID, Leszcz M (2020) The theory and practice of group psychotherapy, 6th Edition. New York: Wiley.

Intime Beziehungen in der Therapie

Marga Löwer-Hirsch

In diesem Beitrag möchte ich einmal mehr der Frage nachgehen, warum wider besseren Wissens und trotz eindeutiger Rechtslage nach wie vor pro Jahr ca. 600 Fälle von sexuellem Missbrauch in psychotherapeutischen Behandlungsverhältnissen vorkommen und es Instituten, Fachgesellschaften und Berufsverbänden so schwer fällt, adäquat auf diese Grenzüberschreitungen zu antworten; ganz zu schweigen davon, dass »die absolute Zahl der Aburteilungen wegen § 174c Abs.2 StGB seit Einführung der Norm im Jahr 1998 im Schnitt unter vier pro Jahr«[109] liegt.

Ich werde nicht zum wiederholten Mal beweisen müssen, dass Grenzüberschreitungen sexueller, erotischer oder narzisstischer Natur in Therapien durch Therapeuten und Therapeutinnen regelhaft Machtmissbrauch bedeuten und schädigende Wirkungen haben. Dieses Wissen ist in zahlreichen Studien nachgewiesen worden, sowohl durch quantitative wie qualitative Studien in den letzten 30 Jahren im englisch- und deutschsprachigen Raum.[110]

Dieses Wissen haben wir allerdings nicht erst in den letzten 30 Jahren durch Studien erworben, es ist ein uraltes Wissen, das schon im hippokratischen Eid vor 2400 Jahren formuliert wurde:

> »In welches Haus immer ich eintrete, eintreten werde ich zum Nutzen des Kranken, frei von jedem willkürlichen Unrecht und jeder Schädigung und den Werken der Lust an den Leibern von Frauen und Männern, Freien und Sklaven.«[111]

---

109 Schleu A et al. (2018), S. 11
110 ebenda
111 Rutter P (1991), S. 11

Und seit Hippokrates ist es ein weiterer praktischer Grundsatz, – neben der sexuellen Enthaltsamkeit – dem Klienten nicht zu schaden. Missbrauchstherapien schaden regelhaft.

2019 bin ich in meinem Vortrag »Lüge und Wahrheit zum Thema Missbrauch innerhalb der Therapie« auf den Lindauer Psychotherapietagen der Frage nachgegangen, warum Grenzüberschreitungen kein Randthema sind, und warum es so schwer fällt, adäquat damit umzugehen. Ich habe versucht, die unterschiedlichen Narrative aufzuzeigen – die Narrative der Täter, der Opfer und der Institutionen, mit ihren je zugrundeliegenden Interessen. Heute möchte ich mithilfe der intersubjektiv-relationalen Psychoanalyse und deren Beziehungsverständnis die subtile Dynamik der Intimität im therapeutischen Setting beleuchten, um einen Zugang dazu zu finden, was wir in Ausbildungen und Supervisionen verändern müssten.

Vielleicht liegt die schwer zu verändernde Praxis unter anderem daran,

1. dass wir noch viel deutlicher beschreiben und uns hineinversetzen könnten, was mit dem symbolischen Raum einer Therapie gemeint ist, wodurch dessen Zerstörung in Kraft tritt, und warum die Zerstörung dann so schädlich ist, und
2. dass es ein Missverständnis gibt, was abstinentes Verhalten sei.

Der symbolische Raum

Je tiefer wir in das Verständnis der Dynamik des Zerstörerischen eintauchen, desto weniger muss es vielleicht agiert werden – das ist die Hoffnung. Wenn wir davon ausgehen, dass eine Therapie im Zwei- oder Mehrpersonensetting als eine Interaktion in einem intersubjektiven Feld beschrieben werden kann, dann ist die Begegnung zwischen Therapeut:in und Patient:in im Therapieverlauf gar nicht ohne die Person der Therapeut:in zu denken und zu verstehen. Konzentration auf die Fachlichkeit im Behandlungsverlauf bedeutet immer auch die Involviertheit der Person des:der Psychotherapeut:in mit einzubeziehen. Sie oder er ist am interaktionellen Spiel beteiligt, gelingend oder weniger gelingend, bis hin zu zerstörerischer Einflussnahme. Schon das Wort *Be*handlungsverlauf oder *be*handeln ist eigentlich irreführend für das Verständnis der therapeutischen Beziehung. Das Oxford Language Wörterbuch führt zu *behandeln* in seiner Beziehungsqualität auf: »mit jemandem, etwas, in einer bestimmten Weise umgehen, verfahren, […] jemanden von oben herab, liebevoll, (un)freundlich behandeln.«

Von oben herab kann die therapeutische Beziehung nicht gestaltet sein, deshalb *be*handeln wir auch nicht. Als Person dürfen wir angemessen sichtbar sein im intersubjektiven Verständnis, aber immer im Hinblick auf den therapeutischen Prozess. Das heißt das Sichtbar-Werden als Gegenüber findet im Rahmen einer asymmetrischen Beziehung statt, wenn sie den Anforderungen an Professionalität standhalten soll.

Asymmetrie in der Therapie

Unter Professionsgesichtspunkten zeichnet sich eine Therapie, aber auch viele andere Beratungssituationen, durch hohe Exklusivität und Intimität bei gleichzeitig asymmetrischer Beziehung der Akteur:innen aus. Die zu Beratenden geben sich und ihr Leben preis, während die Beratenden Hilfestellung geben, ohne ihre eigene Geschichte und Lebensumstände in diesem Rahmen zu verhandeln. Dennoch sind wir dabei nicht neutral, sondern handeln in *engagierter Abstinenz*. Hier wird die professionelle Haltung im intersubjektiven Prozess als eine zwischen Expressivität und Zurückhaltung »restraint« von Mitchell[112] beschrieben. Asymmetrisch heißt nicht von oben herab. In unserem *Menschsein* sind wir dem oder der Anderen sowieso nicht hierarchisch über- oder untergeordnet. In Organisationen gibt es unterschiedliche Hierarchieebenen, diese definieren sich aber durch unterschiedliche Aufgaben/Verantwortungen und nicht durch höher oder niedriger Stellung als Mensch. Auch die Asymmetrie der Beziehung in Therapien zwischen Therapeut:in und Patient:in beschreibt kein Über- oder Untergeordnetenverhältnis, sondern wird durch die unterschiedlichen Aufgaben und Rollen in der Asymmetrie definiert.

---

112 Mitchell S (2003), S. 183

In grenzüberschreitenden Therapien *verleugnen* die Therapeut:innen *die Asymmetrie der Beziehung*, und die Opfer einer grenzüberschreitenden Therapie erfassen oft erst im Nachhinein ihre damalige Abhängigkeit im asymmetrischen Gefälle.

Die *Intimitä*t hinwiederum ist in der Situation angelegt und fördert den Entwicklungsprozess des:der Patient:in. In diese intime Situation sind beide Akteur:innen gleichermaßen eingebunden, aber doch in unterschiedlichen Rollen. Was bedeutet nun Intimität im therapeutischen Setting? Ohne eine Öffnung der möglicherweise geheimsten Dunkelkammern der Seele können wir den Patient:innen nicht näherkommen. Das heißt Liebe und Hass, Neid und Eifersucht, Traurigkeit und Freude etc. dürfen in beiden Akteur:innen Raum haben. Wir kommen den Patient:innen sehr nahe. Was dabei in uns selbst angestoßen wird, versuchen wir so zurückzugeben, dass unsere Interventionen hilfreich und zum Individuationsprozess des:der Patient:in beitragen mögen. Innerhalb dieses durch Intimität konstituierten Raums nun aber eine intim-symmetrische Beziehung erotischer, narzisstischer oder aber manifest sexueller aufzunehmen, verlässt die Asymmetrie und zerstört den symbolischen Raum, der ja andererseits ohne Intimität nicht fruchtbar sein kann. Zum Beispiel kann es kontextabhängig nützlich sein, bei einem sexuellen Thema den Hinweis auf einen Film zu geben, ohne dass dabei meine Sexualität verhandelt würde. Innerhalb des von der Therapeut:in etablierten Raums mit seinen Begrenzungen (Ort, Zeit, Geld), kreieren sowohl die Patient:innen als auch die Therapeut:innen gemeinsam den Prozess, aber in je unterschiedlichen Rollen.

Was ist mit symbolischem Raum – potentiel space – gemeint und wie »fühlt« er sich an?

Den Therapieraum als einen Spielraum, als einen Möglichkeitsraum, einen *potential space*, zu begreifen, geht auf Donald Winnicott zurück. In »Playing and Reality« führt Winnicott[113] aus, dass der Spielraum etwas sei, das weder im Innen noch im Außen läge, er sei ein Raum dazwischen, ein intermediärer Bereich. Der Raum sei ein hypothetischer Raum, ursprünglich entstanden zwischen Säugling/Kind und mütterlicher Figur, in dem die Angst vor Trennung durch kreatives Spiel gebannt werden konnte, was Winnicott in vielfältigen Mutter- und Eltern-Kind-Beobachtungen entdeckt hat. Im Spielen wird immer wieder neu und variiert die symbolische Verarbeitung von innerer und äußerer Welt vollzogen, Symbole werden entwickelt, die zugleich für Innen und Außen stehen. Hier nimmt das kulturelle Erbe und die Freude daran für das jeweilige Menschenkind seinen Anfang, es wird dabei gleichzeitig wieder entdeckt und neu erfunden. Dieser höchst menschliche Spielraum, angefüllt mit Worten, Bildern, Gefühlen etc., entsteht in uranfänglichen Beziehungserfahrungen, wenn sie überwiegend von Vertrauen und wiederholtem Erleben von Verlässlichkeit geprägt waren. Dieser »Zwischenraum« wird im adoleszenten und erwachsenen Leben weitergelebt und gefüllt. Da wo es Vertrauen und Verlässlichkeit gibt, kann ein potential space entstehen. Die Etablierung eines solchen Raums ist auch basal für den therapeutischen Prozess. Er wird ermöglicht durch den Rahmen, die (engagierte) Abstinenz, Vertrauen und Verlässlichkeit. Die ständige Lebensanforderung, Autonomie- und Abhängigkeitswünsche und Notwendigkeiten auszubalancieren, kann im potential space erlebt und gelebt werden.[114] Je nach Krankheitsbild der Patienten besteht häufig sogar die Notwendigkeit, einen solchen Raum, in dem gespielt und symbolisch verarbeitet werden kann, überhaupt erst zu entwickeln.

Die Beschreibung und Notwendigkeit für umgrenzte Spielräume beschränkt sich nicht nur auf die Psychoanalyse oder den therapeutischen Raum. Wir finden sie auch in der Musik, der Philosophie, der Literatur etc. Der Philosoph Christoph Türcke[115] beschreibt den Traum-Spielraum als etwas, das den namenlosen Schrecken des Menschseins bannt, in dem

---

113 Winnicott D (1971)
114 ebenda, S. 108
115 Türcke C (2008)

gelernt wird, unvermeidliche Versagungen anzunehmen. Er nennt es in seiner »Philosophie des Traums« »die Gutheißung des Unerträglichen«[116]. Virginia Woolf hat in ihrem Roman »To the lighthouse« eine wunderbar poetische Beschreibung des Spielraums als einen begrenzten Raum von Möglichkeiten gegeben und nennt es »gemeinsame Sache machen gegen das Flüssige dort draußen«[117]. Es scheint ein Versuch, Chaos zu bannen und ihm Struktur zu geben. Drinnen und Draußen werden in Beziehung gebracht, wobei das Drinnen zeitweilig eine schützende Qualität annehmen kann:

»Jetzt waren alle Kerzen angezündet, und die Gesichter auf beiden Seiten des Tisches wurden durch das Kerzenlicht näher herangeholt, ... zu einer Tischgesellschaft komponiert, denn die Nacht wurde jetzt durch Glasscherben ausgesperrt, die, indem sie bei weitem keine akkurate Ansicht der Außenwelt boten, das Licht so seltsam riefelten, dass der Eindruck entstand, hier, im Inneren des Raumes, seien Ordnung und festes Land; dort draußen hingegen gäbe es eine Spiegelung, worin die Dinge waberten und verschwanden, wasserartig.«[118] Der Musiker und Dirigent Simon Rattle beschreibt die Schaffung eines Spielraums für sein Orchester in einem Interview mit folgenden Worten: »Es ist nicht unsere Aufgabe, die Spieler zu kontrollieren, sondern sie zu ermutigen, ihr Bestes zu geben. Und ihnen einen Rahmen zu schaffen, innerhalb dessen sie das tun können.«[119]

Winnicott kehrt analog zum Spielen für die Psychoanalyse den Bezugspunkt um. Es sei nicht so, dass das Spielzeug zuerst da sei und dann die Fähigkeit zum Spielen, sondern zuerst das Spielen, welches das Spielzeug kreiere. Das Spielen führe für Kinder und Erwachsene zu seelischer Gesundheit und hinein in Beziehungen zur umgebenden Gruppe. Und so sei auch nicht die Psychoanalyse zuerst da, in der dann gespielt werde, sondern sie sei als solche eine hochspezialisierte Form des Spiels im Dienste der Kommunikation mit sich selbst und Anderen.[120] Führt man diese Gedan-

---

116 ebenda, S. 157
117 Woolf V (1927/2001), S. 103
118 ebenda
119 Rattle S (2010), S. 144
120 Winnicott D (1971), S. 41

ken weiter aus, so kommt der wechselseitigen Kommunikation von Therapeut:in und Patient:in ein zentraler Stellenwert zu. Es darf immer noch die richtige Deutung zur passenden Zeit kommen, aber sie ist nicht mehr basales Agens der Therapie, und vor allem darf im symbolischen Raum gespielt werden. Zu diesem »Spielen« gehört das spielerische Testen der Beziehung im potential space, das Phantasieren, der Humor, das Träumen etc.

Der Ort der Psychotherapie ist also kein realer (konkreter) Ort, sondern ein symbolischer Raum. In diesem »Zwischenraum«, der eben auch ein »Möglichkeitsraum« ist, entsteht innerhalb seiner Grenzen ein kleines Universum, von dem der:die Therapeut:in ein Teil ist.

Das ungeheuer spannende eines Spielraums und seine Fragilität können wir in jedem Kinderspiel mit- und durchfühlen. Wenn meine kleine Enkelin möchte, dass wir Schule spielen, dann soll ich oft eine strenge Lehrerin sein oder wenn ich mir ein Bein »gebrochen« habe, dann soll ich Angst vor der Behandlung haben, muss über Nacht im Krankenhaus bleiben und nein, Eltern sind nicht erlaubt und ein Telefon oder Handy gibt es leider auch nicht. Ich soll Angst haben und sie die Fähigkeit mich zu trösten. Die Spiele sind intensiv, es wird eine psychische Realität kreiert und mit Leidenschaft eine Durcharbeitung vorgenommen. Die Welt- und Seinsaneignung findet in einem »Als ob« statt. Es ist immer klar, dass es ein Spiel ist und gleichzeitig ist es psychische Realität. Was aber passiert, wenn ich wirklich zur strengen Lehrerin werde und nicht mehr so tue, als ob ich eine sei? Da gibt es eine feine Grenze. So tun »als ob« und echt spielen oder die Grenze niederreißen im Dienste meiner selbst, weil es mir z.B. Spaß machen könnte real Macht auszuüben. Damit wäre der symbolischen Raum zerstört. Es bricht alles zusammen, was im Dienste des Spiels ver- und durchgearbeitet werden sollte. Aus spielerischer Angst und Vergnügen wird Ernst und das Spiel ist aus. Das kostbare eines solchen Raums können wir durchaus auf die Therapie übertragen.

Zerstörung des symbolischen Raums

Eine Patientin, die vom Therapeuten in eine symmetrisch-intime Beziehung hineingezogen wurde, berichtete ihrem Therapeuten in der ersten Sitzung nach den Praxisferien, wie schwer ihr die Pause gefallen sei, daraufhin hat der Therapeut seinen Sessel zu ihr herübergerückt. Katrin: »Ich fand es ganz toll, einerseits toll, andererseits aber unheimlich zwiespältig… Also das passierte dann öfter – ich hatte unheimlich schnell dann das Gefühl, dass da jetzt was passiert, – also ich habe das dann dem Therapeuten immer so erklärt, dass ich das Gefühl hätte, in mir würde so eine Art Unersättlichkeit hochsteigen.«[121] Die Patientin hat genau gespürt, dass hier etwas passiert, das den therapeutischen Raum gefährdet, dass eine Alltagsbeziehung zwischen Mann und Frau eingeführt wird. Hier wird wahrgenommen, dass eine Grenze im »Spiel« überschritten wird und etwas Unheilvolles seinen Lauf nimmt.

Hanne beschreibt ihren Zustand im zerstörten symbolischen Raum als ein Gefühl ständigen, schmerzhaften Verzaubertseins, wie bei der kleinen Seejungfrau. Sie sagt Sehnen sei damals ihr Hauptberuf geworden. Je mehr die Grenzen überschritten wurden mit der sexuellen Kontaktaufnahme durch den Therapeuten, desto ungestillt schmerzhafter wurde ihr Zustand.[122]

Kathrin (s.o.) berichtet weiter: »… Und da hat er so Bemerkungen gemacht, ich würde schöne Schuhe anhaben, ob ich denn nicht mal einen Rock anziehen wollte, und solche Sachen … «[123]
Sie beschreibt, dass sie spürte, dass plötzlich etwas »ganz Anderes« im Raum gewesen sei. Es war das Eigene des Therapeuten, das hier eingeführt wurde, *seine* »Geste«, die kein Mitspielen war, sondern eine eigene Setzung.[124]

---

121 Löwer-Hirsch M (1998), S. 381
122 Notizen aus einer Folgebehandlung
123 Löwer-Hirsch M (1998), S. 327
124 vgl. Hirsch M (2012)

Wenn ich noch einmal auf das kindliche Spiel in seiner Erprobung zurückkomme in seiner Parallelität zum Erprobungsraum einer Therapie, dann ist es so, dass wir nicht dazu da sind, Bedürfnisse in der Patient:in zu erschaffen, sondern den aufkommenden Bedürfnissen im richtigen Augenblick gerecht zu werden.[125]

> Nora beschreibt in der Folge ihrer sexuell grenzüberschreitenden Therapie, dass sie längst keine Therapie mehr wollte, »ich wollte ja gar nicht mehr an mir arbeiten, ich wollte ihn, das war alles.«[126]

Oft kehren sich im zerstörten symbolischen Raum die Rollen um, und die Patientinnen sollen und wollen dann ganz für den Therapeuten da sein. Nora ging auf die Befindlichkeiten ihres Therapeuten ein, seine anstehende Scheidung wurde Thema, sie machte ihm Geschenke und war in den Sitzungen ganz für ihn da.

Es finden in solch grenzüberschreitenden Therapien auch oft Dopplungen statt. Erst wird »Therapie« gemacht, das scheinbar gute Spiel gespielt und dann eine Alltagsbeziehung gelebt. Katrin beschreibt es so: »Mit Normaltherapie meine ich eben, ich habe was erzählt, er hat zugehört usw.« Der Rest der Stunde wurde dann wie ein Paar verbracht, das sich trifft, sich sympathisch findet und einen intimen Kontakt pflegt.

Die Illusion, das Spiel sei nicht zerstört, der Therapeut könne nach wie vor hilfreich sein, ist auf Seiten der Therapeuten erstaunlich oder vielleicht doch nicht erstaunlich? Sie haben häufig kein Gespür für die Bedeutung der Asymmetrie im symbolischen Raum. Selbst wenn sie mit ihrem Verstand erkennen, dass die Abstinenz verletzt wurde, so möchten sie an dem »Guten und Schönen« festhalten, das sie selbst im Schutz des Settings erlebt haben. Es soll eben doch ein richtiges Leben im falschen geben[127], der Möglichkeitsraum soll nicht zerstört worden sein. Es wird argumentiert, dass doch ein Geben und Nehmen herrsche und es eine erwachsene Beziehung gewesen sei.

---

125 Winnicott D (1971), S. 90
126 Löwer-Hirsch M (2017), S. 51
127 Adorno T (1970)

Sexueller Missbrauch in der Kindheit

Ganz fatal wird es, wenn Patient:innen dieses falsche Spiel schon in ihrer Kindheit erlebt haben. Vor allem in seinen Anfängen wird das »Spiel« nicht von ihnen als solches erkannt. Es scheint gerade so zu sein, dass die Grenzüberschreitung nicht wahrgenommen werden *soll*, damit sich das alte Geschehen im Wiederholungszwang reinszenieren kann. Die unbewusste Hoffnung, die dem Wiederholungszwang zugrunde liegt, dass durch die Wiederherstellung der traumatischen Konstellation eine Wiedergutmachung erfolgen könne, erfüllt sich aber nicht. Stattdessen findet eine Retraumatisierung statt. Die Wiedergutmachung soll dadurch geschehen, dass ein:e potentielle:r Täter:in endlich auf den Missbrauch verzichtet, was dann nicht klappt und eine Retraumatisierung stattfindet. Wir sprechen ja auch vom therapeutischen Inzest.

Lara, eine hübsche junge Frau, war an Essstörung erkrankt und bekam ein Jahr später Sehstörungen, Augenflimmern und Kopfschmerzen. Sie wandte sich an einen Facharzt für Neurologie, Psychiatrie und Psychotherapie. Dieser diagnostizierte Migräne, und nach einigen Gesprächen stellte sich heraus, dass die Symptome einen psychischen Hintergrund hatten, verursacht durch Probleme in der Partnerschaft. Sie begann eine Therapie bei ihm. Es stellte sich heraus, dass auch sexuelle Schwierigkeiten vorlagen, und in einer Art Überrumpelungsaktion bat der Therapeut Lara mitten im Gespräch in das angrenzende Untersuchungszimmer, um eine – wie er sagte – körperliche Untersuchung ihrer sexuellen Empfindungsfähigkeit vorzunehmen. Das kam ihr merkwürdig vor. Zunächst einmal sei sie einerseits entsetzt über die Art der Untersuchung gewesen (fortwährende manuelle Stimulierung der Klitoris), andererseits sei sie während der Untersuchung gar nicht richtig im Körper gewesen, habe sich eher wie eine Zuschauerin gefühlt. Es ist vor allem von Inzestopfern bekannt, dass durch den Abwehrvorgang des »tuning-out«, eines Abschaltens, eine psychische nicht mehr zu verkraftende Überstimulierung bewältigt werden kann. Lara wurde als Kind mehrere Jahre von einem jungen Mann aus der Nachbarschaft sexuell missbraucht, was sie aber erst zu einem späteren Zeitpunkt der

Therapie affektiv erinnern kann. Der sexuelle Missbrauch in der Kindheit war bis dahin nur ein biografisches Datum ohne Gefühlsinhalte. Lara war die Aufforderung des Arztes, aus der therapeutischen Situation heraus nach nebenan zur Untersuchung zu gehen, als ganz neutral erschienen, etwa so, wie wenn man jemand den Augenhintergrund untersuchen lassen müsste. Sie konnte gar nicht so weit denken, dass es sich ja um den Genitalbereich handelte, also um eine makabre Form von »Doktorspielen«. Der therapeutischen und ärztlichen Autorität hatte Lara nichts entgegenzusetzen. Im Gegenteil, sie war dankbar, dass endlich jemand wirklich für sie da war, so dass sie der Autorität vertrauen *wollte*.

Der Therapeut versuchte, mit der Hand die Klitoris zu reizen und fragte immer nach, ob sie etwas spüre, woraufhin sie jedes Mal »nein« sagte. Als sie von der Untersuchungsliege aufgestanden war, habe sie sich jedoch hochrot, heiß und verwirrt gefühlt. Es wurde über die Untersuchung niemals gesprochen oder ihr auch nur irgendein Ergebnis der »Untersuchung« bekannt gegeben. Lara erfuhr nach der Beendigung der Therapie, dass der Behandler zahlreiche Patientinnen missbraucht hatte (in einem Fall hundertvierzigmal Geschlechtsverkehr während der Behandlung) und der Fall durch die Presse ging.

Lara hatte zwar selbst Zweifel nach der »Untersuchung«, sie kam ihr »komisch« vor; aber als sie ihrem Mann davon erzählte, und er sagte, dass der Therapeut wohl spinnen würde, sie müsse wechseln, waren die Zweifel plötzlich vollkommen weg. Sie sagt, da sei sofort dieses Festhalten gekommen. Sie wollte ihn nicht aufgeben, weil sie sich so viel von dieser Behandlung versprach, und verteidigte ihn »wie eine Löwin«.

Nach Jahren der Behandlung und anhaltender Verschlimmerung der angstneurotischen Symptome wechselte Lara auf eigenen Wunsch zu einer weiblichen Therapeutin.

Der eigentliche Wendepunkt in ihrem Erleben trat ein, als sie darauf angesprochen wurde, ob sie nicht wisse, dass ihr früherer Therapeut und Arzt wegen sexuellen Missbrauchs angezeigt worden wäre. Diese Information setzte den Verdrängungs- und Verleugnungsprozess, der im Hinblick auf den Übergriff eingesetzt hatte, außer Kraft. Sie schildert die Aufhebung der Verdrängung so: »... es war wie so eine Explosion in mir. Es kam was hoch, mir wurde übel, und ich habe plötzlich Schweißausbrüche gekriegt, und dieses Erlebnis war da, das war also vorher vollkommen weg …«

In der nachfolgenden Zeit erinnerte sie in der zweiten Therapie den Kindheitsmissbrauch mit allen dazugehörigen Gefühlen, vor allem den schweren Schuld- und Schamgefühlen, die sie als Kind nach Aufdeckung des Missbrauchs gehabt hatte. Sie hatte sich nach der ersten Vergewaltigung auf den weiteren Missbrauch durch den jungen Mann eingelassen, weil es dann zu einer Art »Deal« für sie geworden war. Sie durfte mit ihm fernsehen und Auto fahren, beides gab es zu Hause nicht. Sie war von ihm zur Geheimhaltung verpflichtet worden. Nachdem sie trotzdem den Missbrauch aufgedeckt hatte, gab die Mutter ihr die Schuld. Sie fühlte sich schmutzig und schlecht und auch schuldig, dass die Freundschaft zwischen ihrem großen Bruder und dem Nachbarn zerbrach. Die Mutter sagte: »… du bist bestimmt das einzige Mädchen hier im ganzen Ort, das so was macht.« Der Missbrauch in der Therapie stellt eine Wiederholung dieser kindlichen Erfahrung dar. Das alte Geheimhaltungsgebot wurde reaktiviert und die Erfahrung als besondere Zuwendung gewertet.[128]

Abstinenz

Es ist ein weitverbreitetes Missverständnis, dass in einer intersubjektiv fundierten Psychotherapie oder Psychoanalyse vieles oder gar alles erlaubt sei, »anything goes«.

Die Befreiung vom Dogma, dass der:die Therapeut:in als möglichst leere Projektionsfläche für die Übertragungen der Patient:innen bereitstehen solle, und es vor allem auf die richtige Deutung ankomme, macht unsere Arbeit aber nicht leichter. Vielleicht stimmt sogar das Gegenteil. Jedes Mal entscheiden zu müssen, ob meine Interventionen, Stellungnahmen und

---

[128] Löwer-Hirsch M (2017), S. 55–59

Deutungen dem Prozess dienen, wie viel davon meines ist, wie viel das des Anderen und wie das gemeinsam konstruierte Dritte, der Therapieprozess, verstanden und durchgefühlt werden kann, macht die Arbeit komplex. Der gewissenhaften Handhabung eigener Bedürfnisse und Bedürftigkeiten, allen voran meiner narzisstischen Bedürfnisse, kommt dabei ein großer Stellenwert zu. Diese Bedürfnisse hat man ja nicht ein für alle Mal »durchgearbeitet«, sondern sie werden jede:n von uns in Variationen im Lebenslauf begleiten und mit den jeweiligen Patient:innen, Supervisand:innen und Ausbildungskandidat:innen auf je eigene Weise zum Tragen kommen.

Es ist zu fürchten, dass die Gefährdungen des symbolischen Raums auf der einen Seite durch zu starre Vorstellungen von abstinentem Verhalten oder, auf der anderen Seite, durch überhaupt keine Grenzen mitverursacht sein können. Ich spreche hier weniger von den »hard-core« Missbraucher:innen, die es bewusst und intentional auf ausbeuterischen sexuellen Kontakt mit Patient:innen abgesehen haben, sondern von den vielen Grenzverletzungen, die in einer Art Graubereich stattfinden. Starres abstinentes Verhalten der Therapeut:innen würde besagen, dass wir als Personen nicht in Erscheinung treten dürfen. Diese Haltung aufzugeben und eine Position der »engagierten Abstinenz« einzunehmen, führt womöglich zu der Befürchtung, dass das Aufgeben behandlungstechnischer Prinzipien wie Neutralität, Anonymität und klassische Abstinenz uns letztendlich in eine verantwortungslose Selbstvergessenheit führen könnten. Mich aber derart als Person zu knebeln und so auch eine förderliche Intimität im therapeutischen Prozess *nicht* entstehen zu lassen, könnte geradezu durchbruchsartig zu grenzverletzenden Handlungen führen, die doch eigentlich verhindert werden sollen. Ralf Zwiebel hat am Rande einer DGPT Tagung eine nützliche Unterscheidung getroffen zwischen »intim« und »persönlich« werden. Die Therapeut:in kann Persönliches sagen, aber nichts Intimes. Intim-werden verletzt den Kontakt, als Person in Erscheinung treten nicht. Intime *Momente* in der Begegnung aber verletzen den symbolischen Raum nicht. Wenn ich als Person in definierten Situationen in Erscheinung trete, kann es zu den von Stern[129] beschriebenen »present moments«

---

129 Stern D (2005)

oder »now moments« kommen. Als Beispiel möge hier dienen, wie ein Klient zu mir sagte, dass er das Gefühl habe, dass ich sehr schnell am Ende einer Sitzung wieder aussteige aus dem Kontakt, wenn er noch nicht einmal aus der Tür hinausgegangen sei. Wie kann ich die Wahrnehmung des Klienten würdigen, ohne die Grenze zu verletzen oder konkretistisch zu antworten es stimme oder es stimme nicht. Wir haben uns nur angeschaut, es war ein Augenblick der Intimität, in der er etwas ausgesprochen hat, was sowohl zu ihm wie auch zu mir gehörte, ohne dass es besprochen werden musste.

Augenblicke der Intimität – und das ist etwas anderes als mit den Patient:innen intim zu werden, können ganz wertvoll für den Prozess sein. In Therapiesitzungen entstehen manchmal hoch affektive, intime oder sagen wir besser, intensiv gefühlte Momente, in denen der Charakter der Beziehung zwischen Therapeut:in und Patient:in für einen Bruchteil einer Sekunde infrage gestellt werden kann. Aber die Bedeutung dieser Momente ist für Therapeut:in und Patient:in unterschiedlich. Es findet eine persönliche authentische Begegnung statt, die oft gar nicht verbalisiert oder interpretiert werden muss, sondern eher als Gefühlsmoment zugelassen wird. Es sind die Momente, in denen wir uns erkannt fühlen, uns wechselseitig erkennen, jeder und jede auf seine oder ihre Weise.

Abschließend möchte ich also dafür plädieren, uns allen die Erlaubnis zu geben, unsere Bedürfnisse und Bedürftigkeiten, unsere Verführbarkeit zu erleben und im Kolleg:innenkreis in die Kommunikation zu bringen, damit wir sie nicht agieren müssen. Der Unterschied besteht darin, Bedürfnisse an unsere Patient:innen spüren zu können, aber sie nicht mit ihnen zu realisieren.

Literatur

Adorno T (1970) Minima Moralia. Frankfurt a. M.: Suhrkamp Verlag

Heltzel R (2021) Psychodynamische Beratung in Organisationen. Integrative Konzepte und bewegende Begegnungen. Gießen: Psychosozial-Verlag.

Hirsch M (2012) »Goldmine und Minenfeld«. Liebe und sexueller Machtmissbrauch in der analytischen Psychotherapie und anderen Abhängigkeitsbeziehungen. Gießen: Psychosozial-Verlag.

Löwer-Hirsch M (1998) Sexueller Mißbrauch in Therapien durch Psychotherapeuten – eine qualitative Studie. Dissertation Universität Dortmund.

Löwer-Hirsch M (2017) Sexueller Missbrauch in der Psychotherapie. Gießen: Psychosozial Verlag.

Mitchell S (2003) Bindung und Beziehung – auf dem Weg zu einer relationalen Psychoanalyse. Gießen: Psychosozial-Verlag.

Rattle S (2010) Interview in Süddeutsche Zeitung: Magazin 144.

Rutter P (1991) Verbotene Nähe – Wie Männer mit Macht das Vertrauen von Frauen missbrauchen. Düsseldorf: Econ.

Schleu, Andrea et. al. (2018) Sexueller Missbrauch in der Psychotherapie. Notwendige Diskussion der Perspektiven von Psychotherapeuten und Juristen. Psychotherapeutenjournal 1/18, 11–19

Stern, D (2005) Der Gegenwartsmoment. Frankfurt a. M.: Brandes & Apsel.

Türcke C (2008) Philosophie des Traums. München: Beck.

Winnicott D (1971) Playing and reality. London: Tavistock.

Woolf, V (1927): Zum Leuchtturm. Frankfurt a. M.: Fischer 2001.

Psychotherapie bei transgender Kindern und Jugendlichen

Michaela Sanders

Einleitung

Seit dem Jahre 2013 ist ein signifikanter Anstieg der Prävalenz der Genderdysphorie zu beobachten. Alexander Korte[130], Psychiater an der LMU in München, und Mitautor der AWMF Leitlinie »Störung der Geschlechtsidentität im Kindes- und Jugendalter«, trägt einige Studien zusammen und stellt Vermutungen an, wieso es zu diesem Anstieg kommt:

Zum einen gibt es generell eine bessere Aufklärung und dadurch ein höheres Problembewusstsein für Geschlechtsidentitätskonflikte. Die Dunkelziffer nimmt dementsprechend ab. Zum anderen findet man detaillierte Informationen über Genderdysphorie im Internet. Die wahrgenommenen Schwierigkeiten können einem Namen zugeordnet werden. Das Angebot neuer Behandlungsmöglichkeiten und eng damit zusammenhängend der Machbarkeitsgedanke einer Transition ins gewünschte Geschlecht fördern auch die Bereitschaft, eine Genderproblematik öffentlich zu machen.

Eine weitere mögliche Erklärung für diesen Anstieg sieht die amerikanische Genderforscherin Lisa Littmann[131], vom Institut für Verhaltens- und Sozialwissenschaften der *Brown University School of Public Health* in Main, im Phänomen der *rapid-onset gender dysphoria* (ROGD). Littmann hat 2018 eine Studie veröffentlicht, die das plötzliche Auftauchen einer Genderdysphorie im Jugendalter ohne vorherige Anzeichen einer Genderdysphorie im Kindesalter untersucht. Ein Großteil dieser Fälle seien Mädchen.

---

130 Korte A, DGSMTW e. V. (2020)
131 Littmann L (2021)

Sie beobachtet eine Art Ansteckung: Es gäbe nachfolgend eine Häufung von Genderdysphorie, wenn sich in einer Peergroup eine Person geoutet hätte. Littmann möchte diskutieren, ob dieses Phänomen mit der jugendlichen Suche nach Identität zusammenhängt und möglicherweise keine überdauernde Genderdysphorie darstellt. Diese Studie wird in der Trans-Community sehr kritisch betrachte, u. a. weil die Daten allein aus einer Online-Befragung betroffener Eltern erhoben wurden. Der entscheidende Kritikpunkt der Trans-Community bezieht sich aber darauf, dass eine Transidentität keine Modeerscheinung sei und dass diese Überlegungen eine unterschwellige Transfeindlichkeit darstellen würde. Durch die Wortwahl »Ansteckung« würde sie die Transidentität zu sehr mit einer Krankheit assoziieren.

Begrifflichkeiten

Es ist hilfreich, die sexuelle Orientierung und die Geschlechtsidentität nicht als gegensätzliche Pole zu betrachten, sondern als Spektren[132].

Sexuelle Orientierung

Die sexuelle Anziehung kann man auf vier Skalen ansiedeln: Wieviel sexuelle Anziehung empfindet man, zu wem empfindet man sie, zu wie vielen Personen gleichzeitig empfindet man sie, und wie nah muss man die Personen kennen (▶ Abb. 11)

Wenn man keine sexuelle Anziehung verspürt, nennt man das *asexuell*, in der Kurzform: *Ace*. Wenn man ein bisschen Anziehung verspürt, aber nicht viel, bezeichnet man das als *grey sexuell*. Wenn man sehr viel sexuelle Anziehung verspürt, nennt man das *zedsexuell*, dieses Wort findet aber

---

132 Mardell A (2016)

Begrifflichkeiten

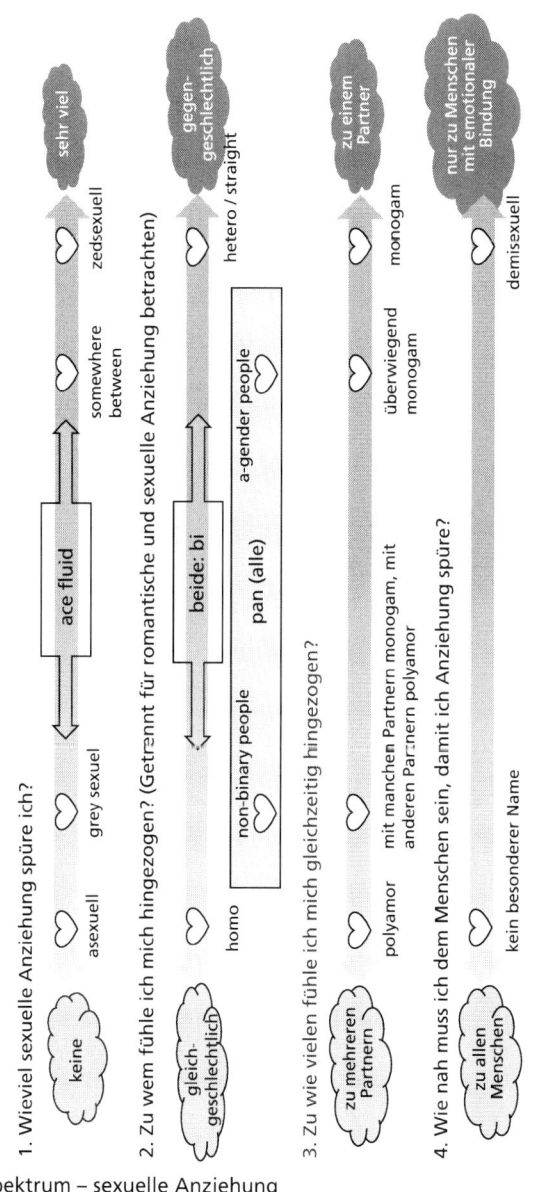

Abb. 11: Spektrum – sexuelle Anziehung

eigentlich keine Verwendung. Wenn sich die Stärke der sexuellen Anziehung immer wieder ändert, spricht man von *ace fluid*.

Des Weiteren kann man noch unterscheiden, zu wem man sich (sexuell muss man hier von romantisch abgrenzen) hingezogen fühlt. Wenn man sich zum gleichen Geschlecht hingezogen fühlt, klar: *homosexuell*, und zum Gegengeschlecht *straight* oder *heterosexuell*, zu beiden Geschlechtern *bisexuell* und wenn man explizit alle Geschlechter einbezieht, nennt man sich *pansexuell*, dazu gehören dann sowohl Transmenschen als auch non-binäre oder a-gender Personen.

Wenn man sich zu mehreren Partnern gleichzeitig hingezogen fühlt, wird das als *polyamor* bezeichnet und wenn man nur einen Partner haben möchte als *monogam*. Auch das ist fließend und kann sich zwischen den beiden Extremen bewegen. Wenn man wiederum nur zu Menschen eine sexuelle Anziehung spürt, zu denen man eine enge Bindung hat, nennt sich das *demisexuell*.

Geschlechtsidentität

Um die Geschlechtsidentität zu definieren, bieten sich drei Skalen an: das Geburtsgeschlecht, das empfundene Geschlecht und das ausgedrückte Geschlecht (▶ Abb. 12).

Man kann männlich, weiblich oder intersexuell geboren sein, also zugleich mit weiblichen und männlichen Geschlechtsmerkmalen ausgestattet. Dabei kann man sich mit dem Geburtsgeschlecht identifizieren, das nennt sich *cisgender*, oder nicht, was als *transgender* bezeichnet wird.

Das Geschlecht, mit dem man sich identifiziert, kann das männliche oder weibliche Gegengeschlecht sein, was dem klassischen Ansatz von transgender entspricht. Aber auch hier bewegt man sich auf einem Spektrum: Man kann sich neutral oder *androgyn* identifizieren oder die Identität kann sich ständig ändern, das bezeichnet man *gender fluid*. Man kann sich auch z. B. zu 20 % als Mann und 80 % als Frau fühlen, das würde sich dann *gender queer woman* nennen. Letztere Konzepte bezeichnet man als *non-binäre Identitäten*. Menschen, die sich durch das Spektrum nicht ausreichend definiert fühlen oder sich darin nicht einordnen können, werden als *a-gender*, also *ungeschlechtlich*, bezeichnet.

Begrifflichkeiten

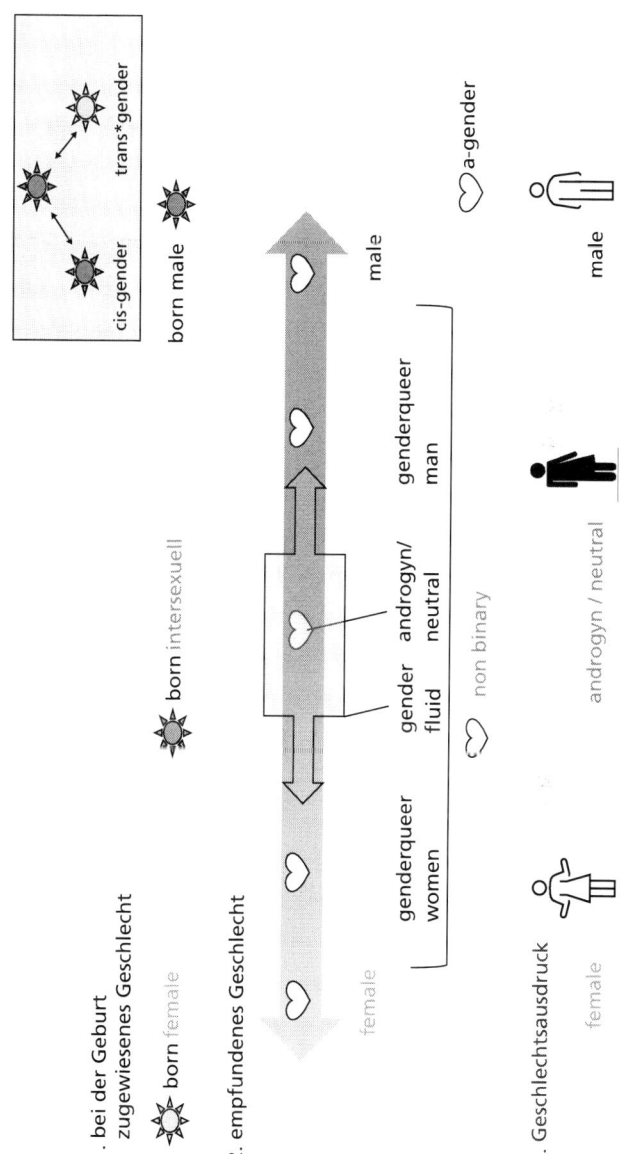

Abb. 12: Spektrum – Geschlechtsidentität

Die letzte Skala beschreibt den Geschlechtsausdruck, der unabhängig von den beiden vorangegangenen Skalen ebenfalls männlich, weiblich oder androgyn sein. Ich kann beispielsweise weiblich geboren sein, mich männlich identifizieren und dennoch weiblich ausdrücken.

Bei der Anamnese verwende ich das *Gender Unicorn* (▶ Abb. 13), um die verschiedenen Spektren abzufragen.

Ausmaß an Leid

Zur Einordnung des Krankheitsbildes erweist es sich für mich als hilfreich das Ausmaß des Leides nach einer Einteilung von Korte[133] zu strukturieren, der 4 Stufen, von keinen Leid bis ausgeprägten Symptomen unterscheidet:

Der Begriff *transgender* bezieht sich auf eine von vielen gesunden Möglichkeiten, sich mit einem Geschlecht, das nicht unbedingt das Geburtsgeschlecht sein muss, zu identifizieren. Der Weltärzteverband erkennt seit 2015 die Vielfalt der Geschlechtsidentitäten an. Es heißt dort: »Jede geschlechtliche Identität wird als gesunde Möglichkeit betrachtet, mit der eine Person Lebensglück und Zufriedenheit erlangen kann«[134]. Transgendersein beinhaltet nach dieser Definition kein Leiden und auch keinen Krankheitswert.

Die *Geschlechtsinkongruenz* ist die Diskrepanz zwischen wahrgenommenem und zugeordnetem Geschlecht. Diese Diskrepanz wird von den meisten transgender Personen wahrgenommen, außer von non-binären Personen, die sich möglicherweise nicht so sehr von den äußeren Geschlechtsmerkmalen beeinträchtigt fühlen. Wenn eine Geschlechtsinkongruenz vorliegt, kann der Wunsch nach einer angleichenden Behandlung auftauchen.

Die *Geschlechtsdysphorie* hingegen ist schon mit erheblichem Leiden verbunden. Dieses Leiden bezieht sich auf die Geschlechtsinkongruenz. Hier besteht ein starker Wunsch nach geschlechtsangleichenden Maßnahmen.

---

133 Korte A, DGSMTW e. V. (2020)
134 ebenda, S.

Begrifflichkeiten

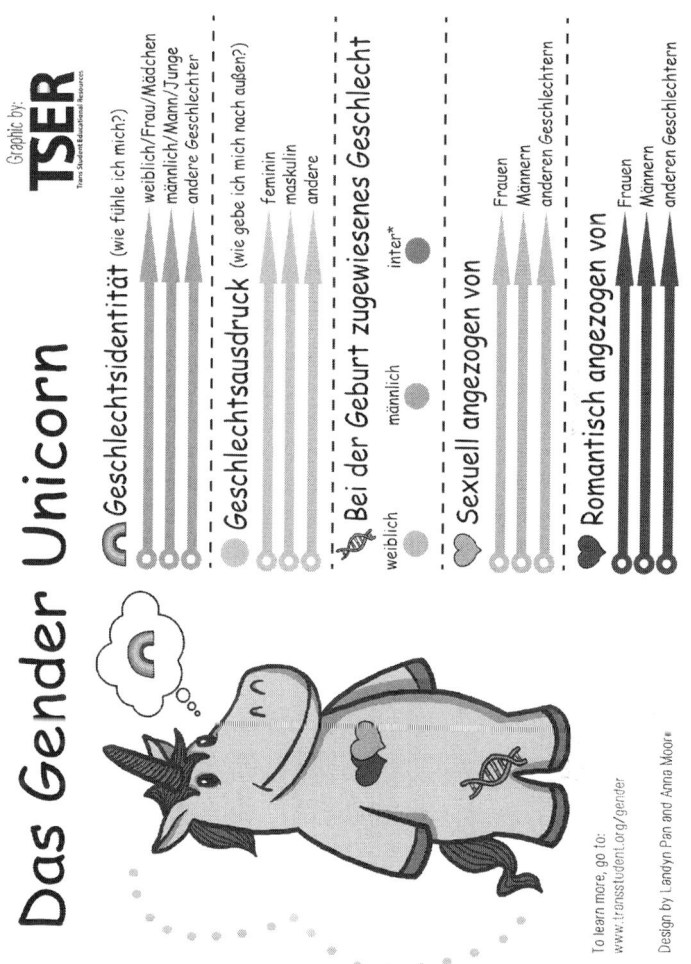

Abb. 13: Das Gender Unicorn[135]

---

135 Trans Student Educational Resources, 2015. »The Gender Unicorn«, abrufbar unter www.transstudent.org/gender

Um zu einer geschlechtsmodifizierenden Operation oder Hormonbehandlung berechtigt zu sein, bedarf es derzeit immer noch der Diagnose »*Gender Dysphorie, transsexueller Typ*« *(F64.0)*. Dieser veraltete Begriff ist missverständlich, da die Geschlechtsidentität nichts mit dem sexuellen Erleben zu tun hat.

Kontroverse Einstellung zur Persistenz des Transerlebens

Grundsätzlich unterscheidet man zwischen einer *early onset* und *late onset* Genderdysphorie. Von early onset spricht man, wenn bereits in der frühen Kindheit (Kindergarten oder Grundschule) ein genderdysphorisches Verhalten beobachtet wird. Um die Frage zu klären, ob pubertätsunterdrückende Medikamente indiziert sind, müssen wir die Wahrscheinlichkeit betrachten, mit der das Kind auch noch in der Pubertät und im Erwachsenalter über genderdysphorisches Erleben klagen wird. Dabei können verschiedene Studien, die als Katamnesebefragung 3–30 Jahre nach der ersten Diagnosestellung durchgeführt wurden, weiterhelfen. Leider liefern diese Studien sehr unterschiedliche Ergebnisse. Bernd Meyerburg[136], Psychiater an der Universitätsklinik Frankfurt, der in Deutschland die erste transgender Sprechstunde für Kinder und Jugendliche aufgebaut hat, kommt nach Metanalysen auf durchschnittlich nur 33% von *Persistern* (Kinder, deren Genderdysphorie bis die in die Pubertät persistieren). Viel größer ist nach diesen Studien die Wahrscheinlichkeit, dass das erlebte Mismatch desistiert, es sich also um ein vorübergehendes Phänomen handelt. Wenn die Körperdysphorie erst im Jugendalter auftritt, oder seit der Kindheit persistiert, dann steigt die Wahrscheinlichkeit einer Persistenz bis ins Erwachsenalter auf 93%. Zum relativ neuen Phänomen des ROGD, das von Littmann[137] beschrieben wurde, sind weder genügend Erfah-

---

136 Meyerburg B (2020)
137 Littmann L (2021)

rungswerte vorhanden noch Wahrscheinlichkeiten zur Persistenz bekannt, so dass man diesem Phänomen in der Praxis eine gesonderte Aufmerksamkeit zukommen lassen muss.

Für den Einzelnen kann man aber aus solchen Prozentangaben keinen Rückschluss darauf ziehen, ob es sich bei der betroffenen Person um einen Desister oder Persister handelt. Das große Dilemma besteht darin, dass für Persister eine pubertätsunterdrückende Behandlung und später eine geschlechtsangleichende Hormonbehandlung oder Operation erheblich zu Verminderung des Leides beiträgt. Es ist daher ethisch die richtige Entscheidung, diesen Menschen diese Behandlung möglichst frühzeitig zu ermöglichen. Für die Desister hingegen ist eine solche Behandlung (auch wenn die Pubertätssuppression grundsätzlich reversible ist) eine schwerwiegende Fehlbehandlung. Bei einer Fehlentscheidung kann es zu Reue und vereinzelt auch zum Wunsch nach einer Detransition kommen. Ich möchte dazu eine Stimme zitieren, die im Erwachsenalter Zweifel und Reue über die unternommenen geschlechtsangleichenden Operationen äußert:

Aleksa Lundberg:
»Wenn Jugendliche eine Geschlechtsangleichung als Lösung für ihre Identitätsprobleme während der Pubertät sehen, läuft etwas ganz grundsätzlich falsch«, sagt Aleksa Lundberg. Die 39-Jährige aus Stockholm lebt seit fast 20 Jahren als Frau und hat sich viele Jahre öffentlich für die Rechte von Transmenschen auf freien Zugang zu geschlechtsangleichenden Behandlungen eingesetzt. Inzwischen sieht sie ihren Einsatz kritisch.
Heute, nach jahrelanger Psychotherapie, kann Aleksa öffentlich darüber sprechen, dass sie nach ihrer Operation, die sie mit Anfang 20 hat machen lassen, monatelang mit Depressionen kämpfen musste. »Als ich aufwachte und mir klar wurde, dass ich einen wichtigen Teil meines sexuellen Empfindens verloren hatte, war das ein echter Schock für mich.« Sie würde, sagt sie, heute anders entscheiden. »Mir ist klar geworden, dass ich eigentlich ein femininer homosexueller Mann bin, der das Gefühl hatte, seinen Körper verändern zu müssen, um akzeptiert zu werden.«[138]

Auch wenn ich mich dem Vorwurf aussetze, dass ich die Genderdysphorie verharmlosen und als Modeerscheinung abtun könnte, habe ich in meinem klinischen Alltag durchaus Fälle erlebt, in denen die Genderdysphorie

---

138 Westerhaus C (2021)

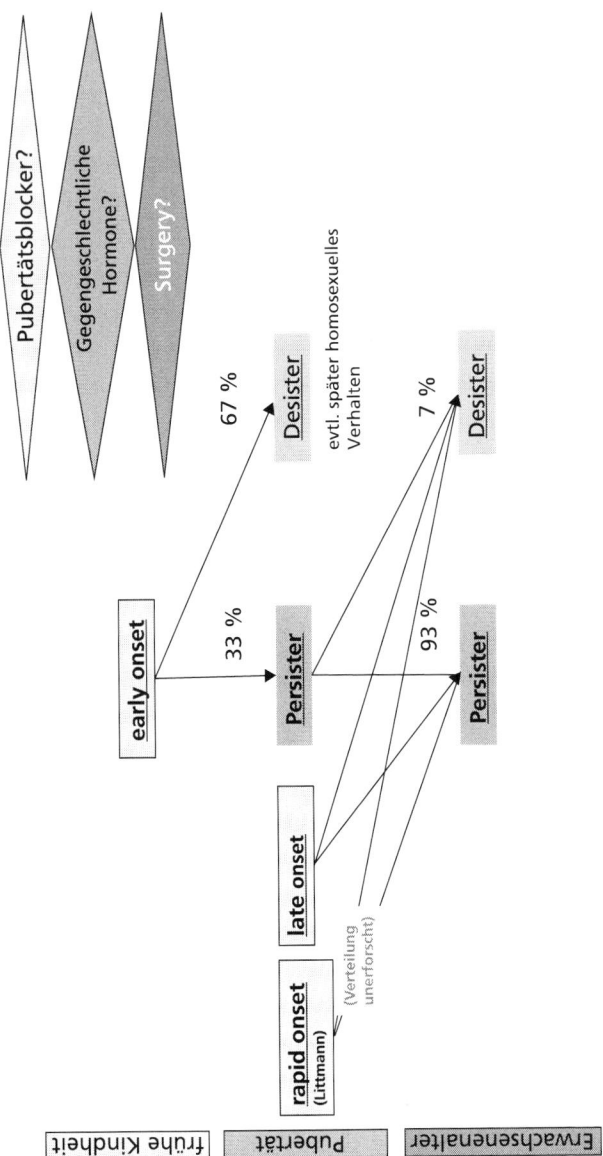

Abb. 14: Persister und Desister

nur eine temporäre Erscheinung war. Ich spreche hier von Einzelfällen, die aber dennoch identifiziert werden müssen, um nicht zusätzliches Leiden für diese Patienten zu verursachen. Jugendliche haben in ihrem Prozess der Identitätssuche immer schon verschiedene Identitäten ausprobiert. Auch gibt es passagere Phasen von homoerotischem und homosexuellem Verhalten, welche sich später nicht zwingend in eine homosexuelle Identität verfestigen müssen. Dazu möchte ich eine 15-jährige Patientin zitieren, die ein Mädchengymnasium besucht und berichtet:

> Paula: »Es gibt in meiner Klasse jetzt einen transgender Jungen. Als er sich noch als Mädchen identifizierte, war er sehr unscheinbar und unbeliebt. Jetzt bekommt er sehr viel Aufmerksamkeit. Es musste sogar extra für ihn eine Unisex-Toilette eingerichtet werde. Alle möchten jetzt mit ihm befreundet sein, weil er so cool ist.«

Dabei möchte ich diesem jungen Mann gar nicht die Absicht unterstellen, dass diese Aufmerksamkeit gewollt oder beabsichtigt war. Ich möchte die gruppendynamischen Prozesse hervorheben, welche dazu beitragen können, dass der Junge unbeabsichtigt in eine Position gerät, in der man ihn bewundert und er dadurch eine deutliche narzisstische Bestätigung erhält, die von andern durchaus beneidet werden könnte und zu einer Nachahmung führen könnte.

Die LGBTQ-Bewegung hat auch eine politische Ebene. Es geht darum, die hetero- und cis-normative Gesellschaft in Frage zu stellen. Systemkritik war auch schon immer eine Methode der Jugend, sich mit dem Identitätsprozess auseinanderzusetzen. Behandlungstechnisch ist es wichtig zu unterscheiden, ob Jugendliche aus der Absicht ein politisches Statement abzugeben, sich als z. B. non-binär bezeichnen, oder ob sie unter einer Genderdysphorie leiden.

An der Stelle würde ich gerne noch ein Beispiel aus meiner Praxis bringen, mit dem ich zeigen will, dass auch unentdeckte psychodynamische Prozesse einen Einfluss auf die erlebte Geschlechtsdysphorie haben können.

> Es kommt ein 15-jähriger, betont weiblich gekleideter Transjunge zu mir in die Praxis mit dem dringenden Wunsch nach einer geschlechts-

angleichenden Operation. Er lebt mit seiner Tante beim türkischen Vater, die deutsche Mutter lebt zu der Zeit im Ausland. Die türkische Tante indoktriniert ihn mit der Ansicht, Frauen müssen alles für Männer tun, sie müssen Männer hinterherräumen, waschen, kochen, putzen und dürfen keine Wünsche äußern. Der Patient traut sich nicht zu rebellieren und macht, was von ihm verlangt wird. Mit 15 outet er sich dann vor dem Vater als transgender. Seine männliche Identität erlaubt es ihm, gegen dem Vater zu rebellieren und ermöglicht ihm eine pubertäre Abgrenzung zu dem hörigen Abhängigkeitsverhältnis zum Vater und der Tante. Im Laufe der Therapie gelingt es ihm, sich aus dieser schwierigen Beziehung zum Vater zu lösen und zieht zur Mutter, welche gerade aus dem Ausland zurückkehrt. Nach dem Umzug zur Mutter spricht er kaum noch über genderdysphorisches Erleben. Eine Transition wäre momentan nicht dringlich und wünschenswert für ihn. Möglicherweise hat die enorme Abwertung der weiblichen Geschlechtsrolle durch den Vater und die Tante unbewusst den Wunsch zu einer männlichen Geschlechtsidentität ausgelöst, denn so käme er in eine privilegierte Rolle und müsste sich nicht mehr unterordnen. Ihm ging es zudem auch gar nicht um einen optischen Angleich, er wollte sich immer weiterhin weiblich kleiden.

Ich möchte nochmal betonen, dass ich nicht der Ansicht bin, jeder Transitionswunsch sei auf ein psychodynamisches ungelöstes Problem zurückzuführen. Es gibt aber Einzelfälle, in denen es sich um keine Genderdysphorie handelt. Diese Fälle müssen sorgsam identifiziert werden.

Transition

Kontroverse Einstellungen zur Transition

Im Licht all dieses Unwissens, wie die Zukunft eines transgender Kindes oder Jugendlichen aussehen wird, sind grundsätzlich zwei mögliche Einstellungen zur Behandlung vorstellbar:

Eine Möglichkeit ist, das genderdysphorische Leiden durch Anpassung an das Wunschgeschlecht zu minimieren. Dieser Weg wird derzeit in den Leitlinien vorgeschlagen und in vielen Länder, u. a. im diesbezüglich sehr liberalen Schweden, praktiziert wird. Er Weg favorisiert ganz klar die Persister, die ja zumindest im Jugendalter die Mehrheit der Fälle darstellen, wenn man das Phänomen der ROGD außer Acht lässt. Er wird auch das Hamburger Modell genannt.

Dazu gibt es eine Gegenbewegung um Korte[139], die mehr Gewicht auf die Desister legt und frühen körperlichen Eingriffen sehr kritisch gegenübersteht. Auch gibt es aus dem Ausland immer wieder kritische Stimmen, die die Verantwortung nicht den Kindern und Eltern überlassen wollen. Es gibt eine interessante Dokumentation aus Schweden. Der Beitrag auf YouTube heißt »Trans Train«[140] und zeigt Jugendliche Detransitioners. Sie machen den Ärzten den Vorwurf, nicht ausreichend sorgfältig geprüft zu haben, ob es andere psychische Bedingungen gegeben hätte, die ihren Transitionswunsch hätten erklären können. Sie fühlen sich als Versuchskaninchen missbraucht. Schweden hat daraufhin auch im Mai 2021 die Hormonbehandlungen bei Kindern und Jugendlichen gestoppt, und wartet nun ausführliche Studien zu den Auswirkungen ab. Dieser Ansatz legt den Schwerpunkt auf die psychotherapeutische Behandlung der genderdysphorischen Symptome.

---

139 Korte A, DGSMTW e. V. (2020)
140 https://www.youtube.com/watch?v=sJGAoNbHYzk

Pubertätsunterdrückende Hormonbehandlung

Die Entscheidung zu einer pubertätsunterdrückenden Hormonbehandlung sollte nicht vor dem Erreichen des Tanner Stadiums 2 getroffen werden, was in der Regel nicht vor dem 12.Lebensjahr ist. Wenn man sich dazu entscheidet, müssen drei Bedingungen erfüllt sein: Das Leiden würde sich enorm durch Einsetzen der Pubertät verschlimmern; alle anderen psychischen Probleme, die das transgender Erleben beeinflussen können, sind zweifelsfrei ausgeschlossen und alle beteiligten Personen (Ärzt:innen, Therapeut:innen, das Kind selbst und die Eltern) stimmen der Behandlung zu.

Trenantone ist ein Präparat, das auf die Hirnanhangdrüse wirkt, indem es die Produktion derjenigen Hormone drosselt, die in den Hoden und in den Eierstöcken die Produktion der Geschlechtshormone regeln. Die Medikation muss von einem Endokrinologen beobachtet werden. Es wird in der Regel alle drei Monate subkutan gespritzt. Manchmal klagen biologische Mädchen über klimakterische Symptome, wie Hitzewallungen und Unruhe. Vielen reicht es dann, nur die Menstruation zu unterdrücken, dazu können verschiedene Hormonpräparate, wie die Pille eingesetzt werden. Es sind noch keine ausreichenden Langzeiterfahrungen und dementsprechend auch noch wenig Langzeitstudien dazu bekannt.

Korte[141] hat die wenigen Studien, die es dazu gibt, gesichtet und gibt eine Übersicht über problematische Nebenwirkungen. Er spricht von Risiken einer defizitären Entwicklung der Emotions- und Verhaltenskontrolle, des IQ und der Knochendichte. Zudem weist er auf die Risiken der Infertilität und der Beeinträchtigung der sexuellen Empfindungsfähigkeit hin.

Beim Einsatz von pubertätsunterdrückenden Hormonen muss man sich Gedanken zur psychosexuellen Entwicklung machen. Wenn Gleichaltrige erste Erfahrungen mit der Sexualität machen, ist diese Entwicklung durch die pubertätsunterdrückenden Hormone aufgehalten. Ein Transmädchen durchläuft zwar weder die falsche Entwicklung, wie Bartwachstum, Behaarung, Ejakularche, aber auch nicht die »richtige« sexuelle Entwicklung, wie Menstruationsbeginn, Brustwachstum etc. Es ist damit zu rechnen,

---

141 Korte A, DGSMTW e. V. (2020)

dass sich die Interessen der Gleichaltrigen sehr stark von den eigenen Interessen unterscheiden und es kommt möglicherweise zu einer Verstärkung des Gefühls, anders oder ausgeschlossen zu sein.

Und schließlich hat die Pubertätssuppression Auswirkungen auf Entscheidungen, die erst später im Leben getroffen werden können: Ohne sexuellen Erfahrungen ist die spätere Entscheidung, ob man lieber eine Operation wählt, die möglichst viel sexuelles Empfinden ermöglich, oder eine die ästhetisch mehr dem Wunschgeschlecht entspricht, nur schwierig zu treffen. Man entscheidet sich in solchen Fällen früh (ab 14 Jahren) daher dazu, mit der gegengeschlechtlichen Hormonbehandlung zu beginnen. Wenn bei einem biologischen Jungen der Peniswachstum verhindert wird, hat das zudem zur Folge, dass bei einer späteren geschlechtsangleichenden Operation weniger empfindsames Hautmaterial zur Verfügung steht, um eine Neovagina zu formen. Und schließlich werden keine Spermien oder Eizelle produziert, die man einfrieren könnte, wenn man das denn zum Erhalt der späteren Reproduktionsfähigkeit möchte.

Gegengeschlechtliche Hormongabe

Testosteron bei Transjungen wird intramuskulär gespritzt oder durch ein Gel aufgetragen. Bereits nach sechs Wochen kann es zu Stimmbruch und Zunahme von Körperbehaarung kommen, die Klitoris kann zu einem kleinen Phallus anwachsen und die Gesichtszüge werden kantiger, das Fett verteilt sich anders und der Körper wird muskulöser. Diese körperlichen Veränderungen sind in der Regel, auch nach Absetzen des Testosterons, irreversibel. Die Fertilität wird durch die Testosterongabe beeinflusst, so dass man muss vor Beginn der Hormongabe Eizellen entnehmen und einfrieren sollte.

Die Estrogenbehandlung bei Transmädchen kann das Brustwachstum anregen und das Größenwachstum verlangsamen. Bereits nach kurzer Zeit beginnt das Wachstum von Brustknospen und auch die Empfindsamkeit der Brustwarzen kann zunehmen. Zur vollständigen Ausbildung einer Brust kommt es allerdings erst nach zwei bis drei Jahren. Auch hier sollte die Frage geklärt werden, ob Spermien eingefroren werden sollen.

Die Kosten sämtlicher Hormonpräparate, die für die Behandlung von Menschen mit zweifelsfrei diagnostizierter und andauernder Geschlechtsdysphorie im Sinne einer Transidentität erforderlich sind, werden von den Krankenkassen übernommen, auch wenn es sich um einen »*Off-Label-Use*« handelt.

Geschlechtsangleichende Operation

Die häufigsten Operationen bei Transmännern sind die Mastektomie und der Penisaufbau. Bei der Mastektomie kann man zwischen Mamillen- und Brustfaltenschnitt unterscheiden, ersteres ist eine fast narbenfreie Operationstechnik, mit einem Schnitt um die Brustwarze herum. Zusätzlich kann dann noch das Fettgewebe der Brust abgesaugt werden. Bei beiden Methoden besteht das Risiko, dass die Brustwarze an Sensitivität verliert oder gar abstirbt.

Bei der Auswahl der Penismodellage gibt es grundsätzlich zwei verschiedene Vorgehen. Zum einen kann der Penisaufbau durch eine Vergrößerung und Streckung der Klitoris erfolgen, bei der das erogene Gewebe der Klitoris erhalten bleibt. Dieser Penis gleicht ästhetisch nicht ganz dem Penis eines geburtlich-geschlechtlichen Mannes, zudem ist weder eine Erektion möglich noch das Urinieren im Stehen, allerdings bleibt die sexuelle Empfindsamkeit fast gänzlich erhalten. Das andere Verfahren zur Modellage eines Penis verwendet für den neuen Phallus Haut vom Unterarm und die Klitoris wird an der Unterseite des Penis integriert, sodass auch hier eine befriedigende sexuelle Erlebnisfähigkeit möglich sein sollte. Dieses Verfahren ermöglich einen realistischeren Phallus. Da auch eine Harnröhre mitmodelliert wird, ist das Urinieren im Stehen möglich. Mithilfe einer hydraulischen Erektionsprothese können Transmänner penetrativen Geschlechtsverkehr haben. Ejakulationen sind jedoch nicht möglich. Die sexuelle Empfindungsfähigkeit ist durch die Operation allerdings unter Umständen nur noch eingeschränkt möglich. Zudem ist vor der Operation die Frage zu klären, ob die Möglichkeit einer Schwangerschaft erhalten bleiben soll (also z.B. die Gebärmutter und Eierstöcke zu erhalten).

Die häufigste Operation bei Transfrauen ist die Anlage einer Neovagina. Dabei wird die Penishaut nach innen gestülpt und aus der Eichel entsteht die Klitoris. Durch nervenerhaltende Operationstechniken kann deren Sensitivität erhalten bleiben, was beim späteren Geschlechtsverkehr in vielen Fällen auch eine Orgasmusfähigkeit ermöglicht. Diese Neovagina muss regelmäßig aufgedehnt werden und sondert bei Erregung auch keine Flüssigkeit ab, da sie nicht aus Schleimhautgewebe modelliert wird, so dass beim Verkehr Gleitgel benutzt werden muss.

Aufgaben der transgender kompetenten Therapeut:innen

Was die psychotherapeutische Behandlung von Transmenschen so herausfordernd macht, ist die Tatsache, dass immer eine Zusammenarbeit unterschiedlicher Ärzt:innen und Therapeut:innen nötig ist. Es gibt die: den normale:n Kinderärzt:in, u. U. ein:e Psychiater:in, wenn es bereits Verhaltensauffälligkeiten gegeben hat, eine:n Endokrinolog:in, wenn es zu einer Hormonbehandlung kommt, den:die Therapeut:in, und den:die Gender-Spezialist:in wenn es klar wird, dass es zu einem Transitionsprozess welcher Art auch immer kommen wird.

Es muss daher eine Person geben, die federführend im Entscheidungsprozess ist, welche Behandlungen empfohlen werden sollen und die Koordination der verschiedenen beteiligen Personen übernimmt. Diese Rolle übernimmt der:die Gender-Spezialist:in. Das sollte in der Regel ein:e gender-erfahrende Kinder und Jugendlichen Psychiater:in sein. Der:die Gender-Spezialist:in schreibt entsprechende Gutachten und wird manchmal aus Sicht der Betroffenen auch kritisch als Gatekeeper gesehen, da sie: er entscheiden kann, welche körpermodifizierenden Behandlungen empfohlen werden. Das ist ein großer Kritikpunkt der Trans-Community, die auf Selbstbestimmung plädiert und die Meinung vertritt, dass nur der Menschen mit Transitionswunsch entscheiden darf, was mit ihrem oder seinem Körper geschieht, da es schließlich sein:ihr Körper sei. Das ist grundsätzlich natürlich richtig, aber ich sehe dennoch einen großen Unterschied, ob ich mich als Erwachsener zu einer geschlechtsangleichenden Operation entscheide oder als Jugendlicher oder gar als Kind.

Die Aufgaben des:der transerfahrenen PsychotherapeutIn ist es, die Schwierigkeiten, die vor einer Transition bestehen, zu halten, die Entscheidungsfindung zu begleiten, die psychischen Probleme im Transitionsprozess zu adressieren und die Anpassung nach der Transition zu begleiten.

Im Umgang mit Transkindern und -jugendlichen in der therapeutischen Praxis können vielfältige Themen aufkommen, zum einen entwicklungsbedingte, pubertäre Themen, zu denen nichts weiter zu sagen ist, weil sie sich nicht von den Themen der cis-Jugendlichen unterscheiden und zum andern spezielle Transthemen, zu denen wir uns (vor allem als cis-Therapeut:innen) im Vorfeld Wissen aneignen müssen.

Im Folgenden möchte ich einen Überblick über mögliche Transthemen geben und ein rudimentäres Wissen zu den einzelnen Themen vermitteln, anreichern mit Beispielen aus meiner Praxis.

Identifikation

Identifikationsprozesse und Fragen zum Selbstbild sind Themen, mit denen wir als Kinder- und Jugendlichentherapeut:innen in der Regel vertraut sind. Auch damit, dass sich das Selbstbild und das Selbstverständnis darüber, wer man ist, schnell und oft ändern kann. Wir müssen uns mit dem Phänomen vertraut machen, dass Kinder und Jugendliche auch probehalber in eine Transidentität schlüpfen können.

> Lotta, ein 16-jähriges, biologisches Mädchen, sagte nach einer enttäuschenden Beziehung zu einem Jungen: »Ich denke ich bin trans. Ich bin aber nicht homosexuell. Ich möchte eine Beziehung als Mann zu einer Frau führen, in der ich beweisen kann, dass Männer auch nett sein können. Ich will einer Frau als Mann alles das geben, was ich bei Männern bisher nicht bekommen habe«. Er hat daraufhin seinen Namen und das Pronomen geändert. Nach vier Monaten in der

männlichen Identität merkte er, dass es doch nicht stimmt, da er sich gar nicht von Mädchen angezogen fühlte und somit das ursprüngliche Vorhaben nicht umsetzbar war. Sie wollte wieder als Mädchen angesprochen werden und kleidete sich auch wieder femininer.

In meiner Erfahrung ist eine, vielleicht auf der Zunge liegende Deutung, dass es sich hierbei um eine Verschiebung oder Projektion handeln könnte, wenig hilfreich. Denn manche Jugendlichen verstärken ihre Bemühungen, sich in eine (vielleicht auch unpassende) Identität zu zwängen, wenn sie bemerken, dass sie in ihrem Identitätsversuch nicht ernstgenommen werden. Als transsensitive:r Therapeut:in muss ich darauf vertrauen, dass eine unpassende Identität früher oder später als solche erkannt wird. Eine neutrale Haltung und eine respektvolle und wertschätzenden Begleitung ermöglichen die Selbstfindung und stärken zugleich das Selbstwertgefühl, da der:die Therapeut:in an die eigene Fähigkeit, sich selbst zu finden, glaubt.

Diskriminierung

Die meisten Transjugendlichen haben mehr oder weniger schwere Diskriminierungserfahrungen, die ggf. auch traumatherapeutisch behandelt werden müssen. Für noch anhaltende Diskriminierungssituationen müssen entsprechende Skills vermittelt werden und im Einzelfall auch Änderungen in der Lebenssituation überlegt und angeregt werden.

Aus Respekt und Wertschätzung des Identitätswunsch des:der Jugendlichen oder des Kindes sollte man als Therapeut:in immer das von dem:der Patient:in gewünschte Pronomen verwenden. Ich hatte am Anfang meiner Arbeit mit Transmenschen vor allem im Gruppensetting immer wieder Schwierigkeiten über eine transmännliche Person als Jungen zu sprechen, wenn er sich betont weiblich kleidete. Meine optische Wahrnehmung setze immer wieder den Automatismus des weiblichen Pronomens in Gang. Besonders neo-Pronomen wie »xer« oder non-binäre Pronomen wie »sie« im Plural im Sinne des englischen they/them bereiten vielen Menschen Schwierigkeiten. Wenn man über non-binäre Menschen spricht, verwendet man »Sie gingen« anstelle von »Er/Sie ging«. Das wirkt für vielen

Menschen irritierend und bedarf einer großen Aufmerksamkeit und Anstrengung, die man möglicherweise nicht jeden Tag gleich intensiv aufbringen kann. Es ist nicht immer ein Ausdruck von mangelndem Respekt, sondern kann auch ein Ausdruck von mangelnder Umstellungsfähigkeit oder mangelnder Fähigkeit Automatismen zu unterbrechen sein. Die persönliche wie auch medial vermittelte Diskriminierung allerdings macht viele Transjugendliche sehr empfindlich und zum Teil auch wütend. So ist zu beobachten, dass sie oft kein Verständnis aufbringen, wenn sie nicht mit dem gewünschten Pronomen angesprochen werden und das als Diskriminierung oder Transfeindlichkeit interpretieren. Die Jugendlichen aus meiner queeren Gruppe haben jedoch durchaus auch Schwierigkeiten mit non-binären Pronomen.

Es ist deutlich zu akzentuieren, dass ein Fauxpas im Pronomen nicht mit einer generellen Transfeindlichkeit gleichzusetzen ist. Manche Jugendliche benutzen diese Schwierigkeit, die vorwiegend die Elterngeneration betrifft, absichtlich, um einen Reibungspunkt mit den Eltern zu evozieren. Traditionelle Reibungspunkte wie Kleidung und Musikgeschmack, ebenso wie Piercings und Tattoos sind verschwunden. Somit kann der Streit ums Pronomen auch als Versuch gewertet werden, sich von der Elterngeneration eindeutig abzugrenzen.

Gendersensitive Therapeut:innen sollten in ihrer Modellfunktion auch im Elterngespräch das von dem:der Patient:in gewünschte Pronomen verwenden. Das kann für Eltern schwierig werden, wenn sie sich noch im Zustand der Verleugnung befinden und hoffen, dass das Transgendererleben des Kindes »sich noch auswächst«. Dieser Konflikt kann Ausgangspunkt für die intensive Beschäftigung mit den Ängsten und Widerständen der Eltern sein.

Coming-out

Das »Coming-out« ist ein Prozess, den der:die transsensitive Therapeut:in begleiten muss. Unterschieden wird zwischen einem innerlichen und einem äußerlichen Coming-out.

Der oder die Jugendliche muss sich selbst irgendwann eingestehen, dass er oder sie trans ist. Das gelingt umso leichter, je weniger transfeindliche

Sozialisierung man erfahren hat. Transsensitive Therapeut:innen müssen dem:der Patient:in helfen, unbewusste, internalisierte Transfeindlichkeit aufzudecken. Im Rahmen von Psychoedukation sollte der Einfluss einer cis- und heteronormativen Gesellschaft auf den eigenen Entwicklungsprozess und möglicherweise auf den inneren Outing-Prozess erklärt werden, so dass Selbstabwertung und Selbsthass minimiert werden.

Nachfolgend beschreibe ich drei Aussagen, die auf eine internalisierte Transfeindlichkeit hinweisen können. Zum einen kann sie sich hinter der Aussage: »Das kann ich meiner Familie nicht antun« verstecken.

Ich denke da an ein 15-jähriges biologisches Mädchen, das noch in einem sehr unklaren Stadium der Geschlechtsidentität steht. Sie sagt: »Meine Schwester hat Krebs und wenn ich jetzt auch noch trans bin, wäre das zu viel für meine Eltern. Wer soll ihnen dann die Enkel schenken, wenn ich mir freiwillig die Gebärmutter entfernen lassen würde. Meiner Schwester musste ja schon wegen der Krebserkrankung die Gebärmutter entfernt werden.«

Ein weiterer Hinweis auf ein internalisierte Transfeindlichkeit ist, wenn man die anderen als »normal« bezeichnet und sich selbst im eigenen Transerleben als »unnormal«, oder wenn man das Wort »trans« ganz meidet.

Zuletzt deutet auch ein sich plötzlich entwickelnder starker Leistungsdruck auf eine verinnerlichte Transfeindlichkeit hin. Manche Transmenschen leben nach dem Motto: Wenn ich schon trans bin, dann muss ich wenigstens besonders gut in der Schule sein, um nicht zusätzlich angreifbar zu sein.

Nach einem erfolgreichen inneren Coming-out kann man darüber nachdenken, wie man sich anderen Menschen gegenüber outen will. Dabei muss man sich fragen: Wann will ich mich outen, bei wem will ich mich outen, wie soll ich es sagen und vor allem lohnt es sich in jedem speziellen Kontext? Folgende Geschichte veranschaulicht dieses Dilemma: Ein Löwe bewacht ein Wasserloch, aus dem eine Hyäne trinken möchte. Der Löwe lässt Gazellen in Ruhe trinken, weil diese ihm nicht schmecken. Hyänen hingegen frisst er. Dieser Löwe ist schon sehr alt und fast blind, er fragt also jedes Tier, das zum Wasserloch will, bist du eine Hyäne oder eine Gazelle.

Wie sinnvoll erscheint es also in diesem Kontext, sich als Hyäne zu outen? Wäre es vielleicht sinnvoller sich als Gazelle auszugeben, auch zu dem Preis sich selbst zu verleugnen. In diesem inneren Konflikt stehen alle Transpersonen: Ist es in einem speziellen Kontext wichtig, zu meiner Identität zu stehen oder soll ich lieber darüber schweigen, um mich zu schützen?

Bei der Wahl des richtigen Zeitpunkts ist zu bedenken, dass es leichter ist, sich während eines Zeitpunkts zu outen, zu dem sowieso Änderungsprozess anstehen, also z. B. Umzug, Schulwechsel oder Abschluss. Es ist sinnvoll, sich als erstes bei jemandem zu outen, von dem:der man mit relativer Sicherheit weiß, dass er oder sie positiv oder zumindest nicht negativ reagieren wird, also z. B. ein:e enge:r Freund:in oder die Eltern. Als Methode eignen sich neben Gesprächen auch Briefe, vor allen bei den Eltern, da diese dann erstmals Zeit haben sich damit auseinander zu setzen und man die erste vielleicht überraschte Reaktion nicht miterleben muss. Das Outing ist ein lebenslanger Prozess, da man immer wieder neue Leute kennenlernt oder in neue Lebenskontexte kommt.

Es kann nach dem äußeren gewollten und selbstbestimmten Outing auch ein öffentliches unbeabsichtigtes Zwangsouting geben. Andes als die Homosexualität ist das Transsein nicht immer zu verbergen, z. B. wenn man als Transmädchen durch eine tiefe Stimme auffällt.

Ein weiterer Aspekt, mit dem sich Transmenschen beschäftigen müssen, ist das *passing*: Werde ich von der Außenwelt als dem gewünschten Geschlecht zugehörig wahrgenommen? (Das ist vor allem für binäre Konzepte wichtig.) Eine wichtige Frage dabei ist: Wie stark muss ich mich in die Rolle, die meinem Zielgeschlecht entspricht, einpassen? Darf ich als Transfrau immer noch gerne Fußballspielen? Oder fühle ich mich im Zuge des Konformitäts- oder Rollendrucks dazu genötigt, eindeutige Verhaltensweisen anzunehmen, die aber unter Umständen nicht meinem inneren Interesse entsprechen. Auch da ist der:die Patient:in in ihrer individuellen Identitätssuche zu unterstützen und in ihren oder seinen Vorlieben zu stärken.

Sexualität

Man muss zwischen dem Sexualorgan und Identifikationsorgan unterscheiden. Die Jugendlichen können zwar ihren Penis oder Vagina abwerten, weil sie die Zugehörigkeit zu ihrem zugeschriebenen, falschen Geschlecht markieren, sie können das Organ aber dennoch nutzen, um eine erfüllte Sexualität zu leben. Früher war zu Anerkennung der Transsexualität notwendig, dass man kein erfülltes Sexleben im Geburtsgeschlecht hatte und das man nach der Transition eine heterosexuelle Orientierung haben musste. Inzwischen gibt es diese Bedingungen nicht mehr. Es gibt aber auch viel Jugendliche, die das verhasste Organ nicht zur Freude verwenden wollen, und in der Zeit vor einer operativen Angleichung eher eine asexuelle Phase erleben.

Ein Beispiel, welches eine Mischung darstellt: Ein 15-jähriger Transjunge benutzt einerseits seine Vagina, um sexuelle Freuden zu empfinden. Aber er hat eine sehr distanzierte Beziehung zu seinen Brüsten. Er sagt: »Mein Freund kann die schon berühren und zu seiner Erregung benutzen, wenn das für ihn wichtig ist, mir ist das egal, es ist, als ob die gar nicht zu mir gehören würden. Ich spüre da gar nichts.«

Wichtig für uns Therapeut:innen ist dabei, zu akzeptieren, dass Transpersonen ihren gehassten oder auch den neuen Sexualorganen einen anderen Namen oder ein anderes Pronomen geben können, also z.B. die Penis, der BigClit, der Vagina oder das Bonus-Hole.

Begleitung im Transitionsprozess

Im therapeutischen Prozess geht es auch darum, die gewünschten oder geplanten körperlichen Anpassungen vorher zu durchdenken und die möglichen Folgen – positive wie negative – zu antizipieren. Die Jugendlichen haben in der Regel sehr viel Informationen über Hormonbehandlung, Operationen, Haarentfernungen etc. aus dem Internet. Hier ist es wichtig, dass wir Therapeut:innen immer auf dem neuesten Stand bleiben, um realistisch über die Konsequenzen nachzudenken. Es müssen falsche

Informationen und falsche Hoffnungen angeschaut und bearbeitet werden. Auch partielle Verdrängung müssen bewusst gemacht werden.

> Einem 14-jährigem Transjungen war nicht bewusst, dass sich mit der Hormonbehandlung ein Bartwuchs einstellen wird. Er hatte das verdrängt, weil er eigentlich keine Lust hatte sich täglich rasieren zu müssen.

Zudem müssen wir den oder die Jugendliche im Transitionsprozess begleiten und helfen, mit Enttäuschungen fertig zu werden. Die Tatsache, dass trotz aller Möglichkeiten einer geschlechtsangleichenden Operation nie die Funktionsfähigkeit eines geburtsgeschlechtlichen Penis, mit Erektions- und Ejakulationsfähigkeit oder einer Vagina, mit gleicher Empfindungsfähigkeit und dem »feucht werden« erreichet werden kann, muss man anerkennen und akzeptieren. Man wird immer Hilfsmittel wie eine Erektionshilfe oder Gleitgel benutzen müssen. Auch kann es sein, dass die gewünschte Modellage nicht so aussieht oder sich nicht so anfühlt, wie man sich das vorgestellt oder gewünscht hat.

Zudem gibt es weitere Punkte, die im Vorfeld einer Operation besprochen und nach der Operation ggf. verarbeitet und betrauert werden müssen: Es kann sein, dass man die Libido oder Orgasmusfähigkeit verliert. Auch Schmerzen beim Sex sind möglich. Manchmal kommt es vor, dass sich die sexuelle Orientierung nach der Operation ändert. Es können auch Schmerzen im Heilungsprozess auftreten oder die Heilung erfolgt nicht so schnell wie gehofft und es können weitere Operationen nötig werden.

Aber auch wenn alles so läuft, wie man es sich erwünscht hat, muss man die neuen Körperteile erst annehmen und besetzen. Oft haben die Personen das Gefühl, alles neu entdecken zu wollen, und es wird in dem Zusammenhang von einer zweiten Pubertät gesprochen. Zudem gilt es auch, einen Abschieds- und Trauerprozess der bisherigen Körperlichkeit anzustoßen. Es ist eine Umstellung, z. B. ohne Brüste zu leben, auch wenn sie vorher verhasst waren.

Literatur

Günther M, Teren K, Wolf G (2021) Psychotherapeutische Arbeit mit trans* Personen, München: Ernst Reinhardt.
Korte A (2015) Besonderheiten von Geschlechtsidentitätsstörungen (Geschlechtsdysphorie) und deren Behandlung im Kindes- und Jugendalter. In: Stalla GK, Auer M (Hg) Therapieleitfaden Transsexualität. 2. Auflage. Bremen: Uni-Med-Verlag, 70–87.
Korte A, Wüsthof A (2015) Geschlechtsdysphorie und Störungen der Geschlechtsidentität bei Kindern und Jugendlichen. In: Oppelt P, Dörr HG (Hg) Kinder- und Jugendgynäkologie. Stuttgart: Thieme, 452–469.
Korte A, DGSMTW e. V. (2020) Lost in Transition: Geschlechtsdysphorie im Kindes- und Jugendalter. Abrufbar unter: https://docplayer.org/178564727-Lost-in-transition-geschlechtsdysphorie-im-kindes-und-jugendalter-alexander-korte-1.html
Littmann L (2021) Dr. Lisa Littman on rapid onset gender dysphoria (Podcast). Abrufbar unter: https://podcasts.apple.com/de/podcast/dr-lisa-littman-on-rapid-onset-gender-dysphoria-the/id1532976305?i=1000539681197
Mardell A (2016) The ABC's of LGBT+. Mango Media.
Meyenburg B (2020) Geschlechtsdysphorie im Kindes- und Jugendalter. Stuttgart: Kohlhammer.
Meyenburg B, Korte A, Möller B, Romer G (2013) AWMF Leitlinien Störung der Geschlechtsidentität im Kindes- und Jugendalter (F64.2). Deutsche Gesellschaft für Kinder- und Jugendpsychiatrie, Psychosomatik und Psychotherapie.
Preuss W (2021) Geschlechtsdysphorie, Transidentität und Transsexualität im Kindes- und Jugendalter. München: Ernst Reinhardt.
Rauchfleisch U (2019) Sexuelle Identitäten im therapeutischen Prozess. Stuttgart: Kohlhammer.
Rauchfleisch U (2016) Transsexualität – Transidentität. Göttingen: Vandenhoeck & Ruprecht.
Rauchfleisch U (2019) Transsexualismus – Genderdysphorie -Geschlechtsinkongruenz – Transidentität. Göttingen: Vandenhoeck & Ruprecht.
Schigl B (2018) Psychotherapie und Gender. Konzepte. Forschung. Praxis. Wiesbaden: Springer Fachmedien.
Westerhaus C (2021) Schweden: Den Trans-Train stoppen! Emma, Mai/Juni 2021. Abrufbar unter: www.emma.de/artikel/den-trans-train-stoppen-338609 (Zugriff am 02.03.2022).

Geschlechtsidentität im Wandel. Vom Merkmal zum intersubjektiven Prozess[142]

Michael Ermann

Wenn ich auf meine Tätigkeit als Psychotherapeut und Analytiker zurückblicke, dann sehe ich in Bezug auf das Thema der Sexualität zwei Bereiche, in denen sich in den letzten drei Dekaden eine überraschende Wandlung vollzogen hat.

Die eine Veränderung ist die Entpathologisierung und Diversifizierung der nicht-binären Geschlechtsorientierungen und Lebensformen. In der psychodynamischen Psychotherapie begann sie in den 1980er Jahren. Ausgehend von Autoren wie Friedman, Isay u. a.[143] setzte in den USA eine zeitgemäße psychoanalytische Beschäftigung mit der Homosexualität ein, die im deutschsprachigen Bereich bei Autoren wie Morgenthaler, Künzler und Dannecker[144] eine Entsprechung fand. Sie war sicher ein Meilenstein in der Geschichte der Sexualität. Sie äußert sich heute auch in der Psychoanalyse in einem relativ unbefangenen Umgang mit nicht-binären Lebensformen und gleichgeschlechtlichen Orientierungen. Diese gelten nicht mehr *per se* als krankhaft. Dementsprechend ist das Ziel von Behandlungen heute auch nicht mehr eine »Normalisierung« der sexuellen Identität im Sinne der Anpassung an eine binäre, auf eine Heterosexualität ausgerichtete Norm. Sexuelle Identität gilt heute in der Behandlung als Entwicklungshintergrund, der als solcher nicht in Frage gestellt wird, allerdings für eine konfliktfreie psychosexuelle Entwicklung besondere Probleme schaffen kann und dann auch einer kritischen Untersuchung unterzogen wird.

---

142 überarbeitete und veränderte Fassung einer Vorlesung bei den Lindauer Psychotherapiewochen 2018, teilweise veröffentlicht in Ermann M 2019
143 Friedman RC (1988), Isay RA (1989)
144 Morgenthaler F (1980), Künzler E (1992), Dannecker M (1996)

Die andere Veränderung, die mir auffällt, ist das zunehmende Auftreten der Geschlechtsdysphorie[145]. Hier finden wir heute eine in der psychotherapeutischen Praxis früher kaum beachtete Störung der Geschlechtsidentität. Wir begegnen ihr vor allem als Transsexualität – besser gesagt: als Transidentität, denn es handelt sich um ein Problem des sexuellen Selbstverständnisses und nicht des geschlechtlichen. Bei diesen Patienten geht es um eine bisweilen schmerzhafte Identitätskonfusion. Sie unterscheiden sich grundsätzlich von Patienten mit sexuellen Funktionsstörungen, bei denen es in der Therapie um sexuelle Gehemmtheiten, Konflikte und den restriktiven Umgang mit dem Sexuellen geht. War das Ziel einer psychoanalytischen Behandlung in Bezug auf die Sexualität früher vor allem deren Befreiung von ihren Fesseln, so steht bei diesen Patienten heute die Suche nach einem stabilen sexuellen Selbst im Vordergrund.

In diesen Veränderungen schlägt sich ein Wandel des Komplexes Sexualität nieder. Er wird vor dem Hintergrund der gesellschaftlichen Entwicklungen in den letzten 150 Jahren verständlich. Die Gesellschaft wirkt einerseits über die Erziehung, über Normen und Werte als Regulativ auf die Gestaltung des Sexuellen ein. Sie gibt dem Sexuellen Rahmen und Struktur. Sie nimmt andererseits Impulse aus der sexuellen Emanzipation im letzten Jahrhundert auf und verändert sich. Das hat zu einer Befreiung der Sexualität von rigiden Fesseln geführt. Aber die sexuelle Befreiung mit der Verflüssigung von normativen Vorgaben für die Gestaltung des Sexuellen, mit der zunehmenden Individualisierung von Regeln, Rollen und Praktiken ist auch eine unerhörte Herausforderung für den psychosexuellen Entwicklungsprozess hin zu einem stabilen, integrierten sexuellen Selbst.[146]

Deutlicher als früher erkennen wir heute, dass die sexuelle Identität ein fließender Prozess ist und immer wieder neu ausgehandelt werden muss. In jeder Altersstufe und in jeder Beziehung müssen wir uns neu positionieren. Die alten Festschreibungen von Positionen wie aktiv oder passiv, intrusiv oder rezeptiv, gleichgeschlechtlich oder gegengeschlechtlich reichen nicht mehr aus, um die Vielfalt des Sexuellen in uns zu fassen und unsere sexuelle Identität treffend zu beschreiben. Selbst die basalen Ord-

---

145 Becker S (2004), Korte A (2016), Rauchfleisch U (2016)
146 Freud S (1908)

nungskategorien »weiblich« oder »männlich« stehen heute zur Disposition. Der psychoanalytische Blick auf diesen Wandel ist das Thema meines Kapitels. Es geht um den Wandel von einer heteronormativen Sozialisierung des Sexuellen zu einer selbstbestimmten und eigenverantworteten Entfaltung in vielfältigen, fließenden Erscheinungsformen. Es geht um die Auflösung der Sexualität und den Schritt hin zu Sexualitäten[147].

Sexualität und das Sexuelle

Viele erleben Sexualität als wichtigste Sache der Welt. Auf jeden Fall gehört sie zu den Grundbedürfnissen und den basalen Motivationen des Individuums. Sie ist eine Funktion an der Nahtstelle zwischen unserem Erleben und Verhalten, zwischen unserer Körperlichkeit und unseren Beziehungen – anders gesprochen: In der Sexualität verbinden sich Leib, Psyche und Sozialgefüge. Dabei hat das Konzept der Sexualität mindestens drei Dimensionen, die eng aufeinander bezogen und miteinander verwoben sind:

- Die *psychologische Dimension*; sie kennzeichnet das individuelle sexuelle Erleben,
- die *gesellschaftliche Dimension*; sie ergibt sich aus normativen Vorgaben für die Sexualität, zum Beispiel aus der Zuschreibung von Geschlechterrollen,
- und die *biologische Dimension*, die sich vor allem im anatomischen Geschlecht niederschlägt.

Daneben gibt es die Dimension einer *psychosexuellen Konstitution*[148], d. h. die Grundausstattung. Wir können sie als Konstrukt für einen Rest Ungeklärtes in der Sexualität verstehen. Darin gehen drei Faktoren mit ein:

---

147 Sigusch V (2013)
148 Freud S (1908)

genetische Faktoren wie Triebstärke und körperliche Reifung, biologische wie die hormonelle und neurophysiologische Ausstattung und psychologische wie ein Grundempfinden von Geschlechtlichkeit. Kritisch muss man aber sagen, dass wir nicht so recht wissen, was die psychosexuelle Konstitution tatsächlich ist.

Das Sexuelle beinhaltet die Triebhaftigkeit als bio-psycho-soziales Motivationssystem. Der Begriff geht nach Freud über den populären Sinn hinaus: »Wir sprechen darum auch lieber von *Psychosexualität*«, schreibt er, »legen also Wert darauf, dass man den seelischen Faktor des Sexuallebens nicht übersehe und nicht unterschätze« [149]. Das Sexuelle ist ziellos, zeitlos, ungerichtet und hat in unserer Psyche einen ähnlichen Stellenwert wie das Emotionale. Es äußert sich in der Lebendigkeit – dem Eros, in der Liebe, in Kreativität und in unseren Beziehungen. Das Sexuelle ist von Anfang an da – eine Naturgegebenheit, ein »Ding an sich«, wie Philosophen in Anlehnung an Kant es nennen. Es entwickelt sich nicht, kann sich nicht ändern. Es kann übrigens auch nicht erkranken, worauf Fritz Morgentaler[150] hingewiesen hat, der die Unterscheidung zwischen dem Sexuellen und der Sexualität eingeführt hat.

Sexualität bezeichnet die Verhaltens- und Erlebnismuster – Lust, Erregung, Begehren, Fantasien und Impulse –, die mit dem bewussten und unbewussten Geschlechtserleben zusammenhängen. Sexualität bedeutet Geschlechtlichkeit. Sie ist das Ergebnis einer Entwicklung, in der das Sexuelle organisiert wird.[151] Sie entwickelt sich unter persönlichen, familiären und gesellschaftlichen Einflüssen aus dem Sexuellen heraus. Sie ist gleichsam eine Konstruktion unserer Entwicklung. Sie ruft ein spezifisches Lusterleben hervor und hat das Ziel, dieses zu befriedigen. Unter dem Einfluss der sozialen Umwelt und der verinnerlichten Normen und Werte kann sie sich verändern, verzerrt werden und zu beglückenden oder frustrierenden Erlebnissen führen.

Die praktische Ausübung der Sexualität, den Geschlechtsverkehr, bezeichnen wir alltagssprachlich als *Sex*. Damit beschreiben wir insbesondere die genitalen Handlungen, welche Erregung hervorrufen und befriedigen,

---

149 Freud S (1910) S. 120
150 Morgentaler F (1984)
151 ebenda; siehe auch Reiche R (2006)

im weiteren Sinne aber auch andere Praktiken, die den Verkehr begleiten und ihm folgen. Sie können auch ganz abgelöst von der Genitalität bestehen, wie bei einigen Paraphilien. Denken Sie zum Beispiel an sadomasochistische Machtspiele, die nicht zwangsläufig an körperliche Orgasmen gebunden sein müssen.

Sex umfasst ein breites Spektrum von Möglichkeiten, aus denen jeder einzelne sein höchstpersönliches Erleben und Verhalten als sexuelles Wesen formt. Sex kann auf das Selbst gerichtet sein wie bei der *Autoerotik*. Er kann auf Objekte ausgerichtet sein wie bei der *Paraphilie*. Im Allgemeinen erleben und verhalten wir uns sexuell jedoch in Beziehung zu unseren Mitmenschen. Das kann eine Frau sein oder ein Mann oder beides oder ein Jemand dazwischen. Bei der *Polyamorie* kann es ungerichtet sein oder bei der *Asexualität* eine Leerstelle im Erleben bilden. Das sind nur einige der Möglichkeiten. Die neurophysiologischen Prozesse, die dabei eine Rolle spielen, werden im Gehirn als Schaltstelle für sexuelles Erleben und Verhalten koordiniert. Locker kann man sagen, Sex in seinen vielen Varianten spielt sich zu einem großen Teil im Gehirn ab.

Sex und Gender

Sexualität ist nicht nur ein biologisches, sondern immer auch ein psychologisches, kulturell und gesellschaftlich geprägtes Phänomen. Die Entwicklung des letzten Jahrhunderts zeigt, wie stark sie in den kulturellen Prozess eingebunden ist.[152] Gesellschaftliche Phänomene wie die Frauen- und die Homosexuellenbewegung haben starken Einfluss auf die Einstellung zur Sexualität und zu ihren Erscheinungsweisen genommen. Sexualität lässt sich also nicht einfach als statische Gegebenheit oder überdauerndes Merkmal fassen. Sie ist in einen Prozess ständiger Veränderungen eingebunden. Umgekehrt hat die Veränderung sexueller Lebensweisen

---

152 Sigusch V (2005)

sich nachhaltig auf den Kulturprozess ausgewirkt, zum Beispiel auf das Frauenbild oder die Stellung der Homosexuellen in unserer Gesellschaft. Ein wichtiger Markstein in der Sexualforschung ist die Unterscheidung zwischen »Sex« und »Gender« (▶ Kasten 1). Sie beschreibt zwei Bereiche, die im Sexuellen zusammenspielen: die biologische und die psychosoziale Ebene des Sexuellen.

> **Kasten 1: Sex und Gender**
>
> - *Sex* bezeichnet das biologische Geschlecht. Es umfasst die körperlichen Merkmale und Prozesse. Sie werden mit der Geburt mitgebracht, daher »Geburtsgeschlecht«, und sind einem lebenslangen Prozess der Veränderung, z. B. durch körperliche Reifung und Alterung, unterworfen.
> - *Gender* bezeichnet das psychologische und soziale Geschlecht. Gender beschreibt vor allem das sexuelle Erleben und seine kulturellen und gesellschaftlichen Grundlagen, also die Geschlechtsidentität und die Geschlechterrollen. Diese Dimension entwickelt sich auf subjektiver und interaktioneller Grundlage und ist durch psychische Prozesse veränderbar. Gelegentlich wird übertrieben auch von »Wunschgeschlecht« gesprochen.

Die Unterscheidung zwischen Sex und Gender stammt von dem amerikanischen Sozialwissenschaftler John Money um 1955. In die Psychoanalyse fand sie durch Robert Stoller[153] Eingang. Sie stellte einen Umbruch im Denken dar, indem sie bis dahin kaum hinterfragte Vorstellungen von der Sexualität als einem einheitlichen überindividuellen Komplex zur Disposition stellte. Sie wurde von der zweiten Frauenbewegung in den 1970er Jahren aufgegriffen und ist heute aus dem sexuellen Diskurs nicht mehr wegzudenken.[154]

Die Gender-Studies untersuchen seit den 1960/70er Jahren die kulturellen und sozialen Einflüsse, die das sexuelle Selbstverständnis prägen. Im

---

153 Stoller R (1968)
154 Benjamin J (1995)

Zentrum stehen dabei unter dem Motto »Geschlecht als Konstruktion« die Geschlechterrollen im Sinne von sozialen Zuschreibungen. Dabei geht es um Sozialisationsprozesse vor dem Hintergrund von biologischen Gegebenheiten und Merkmalen, soziokulturellen Kontexten und geschlechtsbezogenen Wert- und Normvorstellungen. Sozialisation bedeutet Anpassung an gesellschaftliche Denkmuster und Sprachregeln durch Verinnerlichung von sozialen Normen, die auf das biologische Geburtsgeschlecht Bezug nehmen. Diese Zuschreibungen geschehen über Sprache und Verhalten.

Allerdings ist die Unterscheidung von Sex als biologisch begründet und Gender als psycho-sozio-kulturell, die den Gender-Studies zu Grunde gelegt wird, heute durchaus auch umstritten. Sie wird von der Philosophin Judith Butler mit dem Argument kritisiert, dass Sex und Gender nicht unabhängig voneinander betrachtet werden könnten und beide »in einer fortlaufenden diskursiven Praxis produziert« werden, nämlich durch »Diskurse, die im Dienste anderer politischer und gesellschaftlicher Interessen stehen«[155]. Dem halten ihre Kritiker entgegen, dass naturgegebene Sachverhalte des Sexuellen, etwa die angeborene Anatomie, bei dieser dekonstruktivistischen Betrachtungsweise keine angemessene Würdigung mehr fänden.[156]

Es war vor allem der französische Philosoph Michel Foucault, der am Beispiel der Rede über Sexuelles gezeigt hat, wie die Gesellschaft, etwa in der Beichte, die Sexualität mit Hilfe von Moral und Ritualen kontrolliert.[157] Dabei werden Einstellungen zu den Rollen als Frau oder Mann vermittelt. Sie schlagen sich im Auftreten, im Denken, Fühlen und Handeln, in Interaktionsmustern, im Körperausdruck, in der Mode und in der Sprache nieder.

Überspitzt gesprochen, gehen die Gender-Studies davon aus, dass die Gesellschaft sich die von ihr gewünschte Sexualität im Sinne einer Konstruktion selbst erschafft. So wird zum Beispiel in der zweiten Hälfte des 19. Jahrhunderts mit der Definition der Homosexualität als sexuelle Ka-

---

155 Butler J (1990)
156 Schröter S (1998)
157 Foucault M (1996)

tegorie und Krankheit[158] die Heterosexualität als Norm »konstruiert«. Damit wird der Bestand der Kleinfamilie als Zelle des Staates gestärkt.

Heute ist die Sexualwissenschaft stärker als in den 1980er Jahren auf die: den Einzelnen und weniger auf übergreifende soziale Prozesse ausgerichtet. Sie bemüht sich um ein individualisiertes Verständnis der Sexualität, indem sie fragt, was ein Mensch bei bestimmten Partnern sucht und was die unterschiedlichen Partner in ihm auslösen und befriedigen. Damit gelangt sie zu einem offenen Konzept der Geschlechtsidentität. Dieses geht von einem Kontinuum identitätsstiftender Erlebnisweisen aus und sucht nach der Position des:der Einzelnen in dem weiten Feld von Möglichkeiten. Sie fragt weniger nach den vorgefertigten Etiketten, die ihn festlegen.[159] So gibt es in der Queer Theory keine festgeschriebenen Kategorien für das Sexuelle mehr. Heterosexualität, Homosexualität oder Bisexualität sind nicht mehr als solche maßgeblich, sondern allenfalls sexuelle Orientierungen, die ein Kontinuum bilden und fließend sind.

Geschlechtsidentität und sexuelles Selbst

Unser Selbsterleben als sexuelles Wesen findet in der Geschlechtsidentität Ausdruck. Mit diesem sexualwissenschaftlichen Begriff bezeichnen wir das, was man aus psychoanalytischer Sicht das *sexuelle Selbst* nennen kann. Es umfasst das subjektive bewusste und unbewusste Empfinden der eigenen Geschlechtlichkeit. Man kann auch sagen: die Einstellung zu dem Geschlecht, *das man hat*. Dagegen sind Geschlechterrollen das, was *andere* von einem als geschlechtsbezogenes Empfinden und Verhalten *erwarten*.

Geschlechtsidentität entwickelt sich in Stufen (▶ Kasten 2).[160]

---

158 Krafft-Ebing R (1890)
159 Schmidt G, Strauß B (1998)
160 Stoller R (1968), Reiche R (1997); Übersicht bei Mertens W (1992)

> **Kasten 2: Entwicklung der Geschlechtsidentität**
>
> - Als Kern enthält sie die *Gegebenheit* des Sexuellen, also die nicht weiter hinterfragte Tatsache, ein Wesen mit einem Geschlecht zu sein, auch wenn diese Gegebenheit völlig unbewusst ist. Man spricht von *sexueller* **Protoidentität**. Ob es so etwas tatsächlich gibt und irgendwann in unserer frühkindlichen Vergangenheit erlebt wird, ist aber umstritten.
> - Jedenfalls entwickelt sich in den frühen Interaktionen, vor allem durch Körpererfahrungen wie beim Stillen, bei der Körperpflege oder bei Spielen, ein noch ganz ungestaltetes Erregtsein, eine archaische Form von sexueller Erregung. Wir nennen sie die sexuelle **Kernidentität.**
> - Daraus entwickelt sich ein an eigenen Erregungsmustern orientiertes Begehren. Es wird nach und nach mit der Entdeckung von Geschlechtsunterschieden verknüpft und bildet die Grundlage für das Erleben einer **Geschlechtsrollenidentität.** Sie beruht auf kulturellen, interaktionell vermittelten Vorgaben für männlich bzw. weiblich und schlägt sich in definierten Verhaltensmustern, den *Geschlechtsrollen*, nieder. Das lässt sich gut daran beobachten, wie Jungen und Mädchen sich in ihren Spielen oft grundsätzlich voneinander unterscheiden.
> - Daran knüpft später die Ausrichtung auf ein bestimmtes Ziel des Begehrens an. Das ist im klassischen Fall eine begehrte Person mit der ihr eigenen Geschlechtlichkeit. Diese Ausrichtung des Begehrens ist die **Objektwahlidentität**; zumeist sprechen wir von sexueller Orientierung.

Große Bedeutung haben bei der Entwicklung und Ausrichtung der Geschlechtsidentität Zuweisungen und Erwartungen der Pflegepersonen vor allem in der frühen Entwicklung. Sie unterscheiden sich bei Mädchen und Jungen grundlegend. Sie orientieren sich im Allgemeinen an den biologischen Geschlechtsmerkmalen, mit denen die Kinder geboren werden – am Geburtsgeschlecht. Es handelt sich um Prozesse, durch die bewusst und unbewusst Erwartungen in Bezug auf geschlechtsspezifisches Erleben und Verhalten weitergegeben werden. Es sind die geheimnisvollen Botschaften, die ein Kind als implizite Erfahrungen in sich aufnimmt, aber nicht wirklich versteht.[161] Dabei geht es mehr um Einstellungen und Handeln als um Worte. Eltern behandeln ihre Kinder von Anfang an als werdende Frau oder als werdenden Mann. Es werden die Eigenschaften bestätigt und gefördert, die dem inneren Bild der Eltern von »weiblich« oder »männlich« entsprechen. Dabei schreiben sie dem Kind Vorstellungen zu, die sich aus ihrer eigenen Identität und ihrer Biografie ergeben. Da wir uns in der Kindheit gegen solche Projektionen nicht wehren können, werden sie sich tief in das prozedurale Gedächtnis einschreiben. Es handelt dabei zumeist um unbewusste Prozesse, die als Erbschaft von den Eltern an die Kinder weitergegeben werden.

Ich bin davon überzeugt, dass es schon bei der Zeugung und vor der Geburt Vorstellungen der Eltern über die Geschlechtsrolle des Kindes gibt, das sie in die Welt setzen werden. Solche Vorstellungen haben eine große Macht, wenn sie transgenerational auf unerledigten Delegationen der Großeltern an die Eltern beruhen. Sie können die Beziehung zum werdenden Kind und sein späteres Selbstverständnis nachhaltig prägen.

So finden wir bei gar nicht so wenigen männlichen Patienten die sichere Überzeugung, dass sie in der Erwartung der Eltern ein Mädchen sein sollten. Oder Frauen, die als Junge gewollt waren. Bisweilen wurde diese Erwartung als Geheimnis gehütet, manchmal den Kindern auch in erschütternder Weise mitgeteilt. Manche von ihnen haben sich in ihrer Entwicklung tatsächlich eine Lebensweise und einen Habitus angeeignet, die nicht zu ihrem Geburtsgeschlecht passen. Bei manchen finden wir hier eine der Wurzeln für den späteren Hass auf das eigene Geschlecht, der sich in Anorexie, Selbstbeschädigung oder sozialem Versagen und bisweilen in dem unabweisbaren Wunsch niederschlägt, das Geschlecht zu wechseln.

Die Geschlechtsidentität ist also eine intersubjektive Schöpfung und nicht einfach angeboren. Je nachdem, ob wir den an uns gerichteten Erwartungen und ob diese unserer sexuellen Konstitution entsprechen oder nicht, entsteht auf diese Weise eine stabile oder eine konflikthafte Ge-

---

161 Laplanche J (1988)

schlechtsidentität. Hier geht es um die Passung zwischen dem geschlechtlichen Selbsterleben und der zugewiesenen Geschlechtsrolle.

Ein Beispiel aus einer Familienberatung: Es geht um die Sorgen der Eltern um den kleinen Jan, der im Kindergarten keinen Anschluss findet und sich trotzig verweigert. Der Vater begegnet ihm mit Herablassung und Ablehnung. Wir verstehen, dass der Bub die Erwartungen und Zuschreibungen seines Vaters über das passende Geschlechtsrollenverhalten nicht erfüllt.

Vater wünscht sich einen Jungen, der wild und draufgängerisch ist, eben ein »typischer Junge«, wie er ihn sich vorstellt. Aber statt Automarken zu erkennen und den Namen der lokalen Fußballstars hersagen zu können, bleibt Jan lieber bei der Mama in der Küche und kocht mit ihr. Zur Enttäuschung seines Vaters. Dieser sieht in seinem Sohn ein »verkapptes Mädchen« und verachtet ihn. Er wandte sein Interesse ab.

So entstand eine Wechselwirkung von Erwartung, Überforderung, Nichterfüllung, Enttäuschung und Zurückweisung. An deren Ende stand ein konflikthaftes Verhältnis zwischen Vater und Sohn und ein zwiespältiges Identitätserleben des Jungen als werdender Mann. Das Ergebnis war eine verborgene unerfüllte Sehnsucht des Jungen nach einem Mann, der ihn als den Mann anerkennt und bestätigt, der er mit seinen Neigungen sein kann.

Übrigens lösten sich die Spannungen, als dem Vater in der Beratung bewusst geworden war, dass er als Kind nach einer schweren Erkrankung lange von den Spielen seiner Kameraden ausgeschlossen war und begonnen hatte, sich wegen seiner »Schwäche« zu schämen und zu verachten.

Wenn Erwartungen und Selbstgefühl nicht zusammenpassen, können unlösbare Spannungen entstehen, die ich als *psychosexuelles Dilemma* bezeichnet habe. Für die homosexuelle Entwicklung habe ich die nicht auflösbare Diskrepanz zwischen den Zuschreibungen heterosexueller Rollenerwartungen und gefühlter homosexueller Identität beschrieben.[162] Man kann das verallgemeinern und von einem psychosexuellen Dilemma

---

162 Ermann M (2009)

sprechen, wenn die Diskrepanz zwischen Erwartungen, die an das Kind gerichtet werden, und seiner sexuellen Konstitution nicht zu überbrücken ist. Das geschieht bereits in der frühesten Entwicklung, wenn die Eltern ihm durch körperlich-sinnliche Erfahrungen die Botschaft vermitteln, wie es als »richtiges« Mädchen oder »richtiger« Junge sein soll. »Richtig« bedeutet dabei unhinterfragt: heterosexuell oder – mit den Worten der Queer Theory[163] – heteronormativ.

Bei der Homosexualität und mehr noch bei der Transidentität (die auch Geschlechtsdysphorie genannt wird) durchzieht dieses Dilemma alle Entwicklungsphasen mit unerfüllbaren Zuschreibungen.

- *Bei der Homosexualität* kommt es zu bisweilen tiefgehenden Selbstzweifeln und zur Selbstentwertung bis hin zur Suizidalität. Sie finden in dem Gefühl Ausdruck, sich verbergen zu müssen und nicht sein zu dürfen, wie man sich fühlt.
- *Bei Transmenschen* entsteht daraus der Leidensdruck und der Wunsch einer Transformation der sozialen und körperlichen Geschlechtsmerkmale.

Hintergrund der Zuweisungen ist die Überzeugung von einer *binären Geschlechterordnung*, die nur zwei Kategorien kennt, die sich gegenseitig ausschließen, nämlich weiblich *oder* männlich. Das entspricht aber nicht der Wirklichkeit. Diese kennt vielmehr auch Menschen mit verschiedenen Formen eines Dazwischen, die weder eindeutig männlich noch eindeutig weiblich sind und sich nicht dem einen oder dem anderen Pol zuordnen lassen.

Das dichotome binäre Geschlechtsmodell, wonach man nur Frau oder Mann sein kann, und das lebenslang, wird eindrucksvoll von der Transidentität und der Intersexualität widerlegt. Dennoch ist das binäre Ordnungsprinzip bis heute maßgeblich in den meisten Gesellschaften und bestimmt auch das psychoanalytische Denken in Theorie und Praxis. In der letzten Zeit gerät es allerdings ins Wanken.

---

163 Jagose A (2001)

Vom Ursprung der Sexualität

Wie Sexualität entsteht, wissen wir nicht. Wir wissen nur, dass mit dem Menschsein etwas Existenzielles verbunden ist, das wir als psychosexuelle Konstitution bezeichnen. Freud[164] vertrat die Auffassung, sie sei wesentlich durch den Sexualtrieb geprägt, den er als primäre Motivation im Psychischen betrachtete. Er dient dem Arterhalt und der Fortpflanzung. Eingebettet in Beziehungen, soziale Prozesse und kulturelle Kontexte entwickelt sich daraus der psycho-sozio-somatische Komplex, dem wir als Sexualität begegnen. Sie hat sich im Laufe des Zivilisationsprozesses zu Gunsten der Lustbefriedigung von der Aufgabe der Fortpflanzung entfernt und steht heute mehr im Dienst der Selbstdefinition als dem Arterhalt.

Es ist eine der genialen Entdeckungen von Sigmund Freud, dass er erkannte, dass die Sexualität, der wir beim Erwachsenen begegnen, nicht als solche mitgebracht ist, sondern als Partialtriebe bereits in der Kindheit wurzelt und sich mit der Reifung entwickelt. Er nahm an, dass sie in der oralen Beziehung zur Mutter als dem ersten Liebesobjekt ihren Ursprung hat. Prägend sind die frühen Körpererfahrungen, die durch Lustempfindungen beim Stillen und bei der Körperpflege hervorgerufen werden. In der späteren Entwicklung spielt die Integration der Partialtriebe zur reifen Sexualität als Entwicklungsziel des Ödipuskomplexes bei Freud die entscheidende Rolle.

Heute sehen wir mehr als damals, dass die psychophysische Reifung nur eine der Entwicklungsbedingungen ist und dass die Ausformung der Sexualität mehr mit Beziehungserfahrungen und soziokulturellen Vorgaben zu tun hat als mit Biologie.

Der Exponent dieser Auffassung ist der französische Analytiker Jean Laplanche, der mit seiner »allgemeinen Verführungstheorie« neue Perspektiven eröffnet hat.[165] Für ihn ist die unbewusste Sexualität der Eltern, ihr unbewusstes Begehren in der Beziehung zu ihrem Kind, von entscheidender Bedeutung. Seine wegweisende Erweiterung besteht darin, dass er die Pflege- und Stillsituation zwischen der Mutter und ihren

---

164 Freud S (1905)
165 Laplanche J (1988)

Säugling als eine zutiefst sexuelle Verführungssituation versteht. Danach geht die infantile Verführung von der präödipalen Mutter aus.

Nach Laplanche ist die Interaktion zwischen Mutter und Kind unvermeidlich erotisch. Dabei erscheint die Mutter als ein *begehrendes* sexuelles Wesen. So wird der Säugling das Objekt ihres unbewussten Begehrens, dessen »rätselhafte Botschaften« er weder verstehen noch verarbeiten kann. Über die engen Berührungen mit dem mütterlichen Körper entstehen die Empfindungen und Phantasien, die den Kern des sexuellen Selbst bilden.

Ilka Quindeau[166] betont dabei, dass die Befriedigungserlebnisse mit der Mutter im Stillakt in das Körpergedächtnis eingeschrieben werden. Darauf antwortet das Kind mit eigenem Begehren. Auf diese Weise wird das Sexuelle im Kind durch frühe Interaktionen hervorgerufen.

Die libidinöse Besetzung des kindlichen Selbst durch das Begehren der Eltern spielt bei der Aktivierung der sexuellen Protoidentität sicherlich eine bedeutende Rolle. Man kann aber fragen, ob das der entscheidende Vorgang ist. Diese Sichtweise lässt nach meiner Auffassung den Anteil des Kindes zu sehr außer Acht. Dieser besteht in den Signalen, die es aussendet und die das Begehren der Eltern hervorrufen: sein Lächeln und Lallen, seine Gestik und seine Laute, sein Körpergeruch und seine Körperwärme – und in einem noch viel umfassenderen Sinne seine bloße Existenz, die Eltern glücklich macht.

Ich bevorzuge daher die Sichtweise, dass die Konstituierung des sexuellen Selbst ein intersubjektiver Prozess ist, an dem beide Seiten – Eltern und Säugling – zusammenwirken. Der Säugling erlebt in den frühen Interaktionen die Wirkmächtigkeit seiner protosexuellen Aktivität, auf die das Begehren der Eltern antwortet. Erst im Zusammenspiel entwickelt sich das Selbst.

So scheint mir die Annahme berechtigt, dass die Etablierung des sexuellen Selbst eine Ko-Konstruktion[167] ist, die ohne den Beitrag aller Beteiligten nicht hinreichend verstanden wird – nicht in der frühen Selbstentwicklung und auch nicht in den späteren Partnerschaften. Es ist ein Prozess, der sich in jeder neuen Beziehung wiederholt. Erst durch das

---

166 Quindeau I (2008, 2014)
167 zum intersubjektiven Ansatz: Orange DM et al. (1997); siehe auch Ermann M (2014)

Zusammenwirken der unbewussten Interaktionen, erst durch das gegenseitige Verlangen entsteht das Begehren als ein Drittes.

Die Entwicklung der Geschlechtsidentität

Nach der psychoanalytischen Entwicklungstheorie ist die Geschlechtsidentität anfangs auf beide Geschlechter gerichtet, d.h. sie ist »bisexuell« (▶ Kasten 3).[168] Die Entwicklung der Geschlechtsidentität ist danach ein Prozess der Auseinandersetzung mit dieser psychischen Bisexualität. Sigmund Freud sah das Entwicklungsziel darin, dass der eine der beiden Pole bei der Lösung des Ödipuskomplexes verdrängt und der andere weiterentwickelt wird.

Kasten 3: Das Konzept der psychischen Bisexualität

- Jeder Mensch trägt grundsätzlich Anlagen für männliches und weibliches Verhalten in sich.
- Jeder Mensch hat aktive und passive Wünsche gegenüber seinen Liebesobjekten.
- Jeder Mensch hat im Unbewussten die Vorstellung, im Besitz beider Geschlechtsorgane zu sein.
- Jeder Mensch hat eine Bereitschaft, sowohl heterosexuell als auch homosexuell zu reagieren.

Danach konstituiert erst die Verdrängung der jeweils anderen Geschlechtsorientierung die bleibende Identität. Beim heterosexuellen Jungen zum Beispiel beruht die Objektwahl der Frau als Liebesobjekt auf einer Verdrängung der latenten, auf den Vater gerichteten Homoerotik. Entsprechend beim Mädchen. Hier ist die Wahl des Vaters als Liebesobjekt mit

---

168 Freud S (1905); siehe auch die Gesamtdarstellung bei Mertens W (1992)

der Verdrängung des latenten homoerotischen Begehrens gegenüber der Mutter verknüpft.

> **Kasten 4: Triangulierung und Objektwahl in der heterosexuellen Entwicklung**
>
> - *Mädchen* lösen sich im Prozess der Triangulierung von der präödipalen Mutter und wenden sich dem Vater als ödipalem Liebesobjekt zu. Mädchen vollziehen also einen Wechsel ihres Liebesobjektes und treffen ihre endgültige Objektwahl nach dem Vorbild der Mutter.
> - *Jungen* müssen ihr primäres Liebesobjekt, die präödipale Mutter, in der Triangulierung ebenfalls aufgeben. In einem zweiten Schritt müssen sie es allerdings als Objekt des ödipalen Begehrens zurückzugewinnen. Dann lieben sie die Frau in Identifikation mit dem Vater so, wie dieser es tut. Der Junge trifft seine Objektwahl also nach dem Vorbild des Vaters.

Einen maßgeblichen Einfluss auf die Entwicklung der Objektwahl haben Identifikation in der präödipalen und ödipalen Entwicklungsperiode. Hier unterscheiden sich die Entwicklungsprozesse bei Mädchen und bei Jungen (▶ Kasten 4).

Es handelt sich bei diesen Entwicklungen der Geschlechtsidentität um äußerst komplexe Prozesse, die hier nur schematisch angedeutet werden. Dabei muss beim heutigen Stand unseres Wissens offenbleiben, welche Rolle im präödipalen Vorfeld und bei der Lösung des Ödipuskomplexes konstitutionelle Faktoren spielen. Warum werden zum Beispiel im Falle der Heterosexualität die homosexuellen Anteile verdrängt, bei der homosexuellen Entwicklung die heterosexuellen, und warum findet bei der Bisexualität offenbar eine unvollständige Verdrängung statt? Warum kommt es in dem einen Fall zu einer Identifikation mit der ödipalen Mutter, im anderen mit dem Vater? Wir wissen es nicht. Auch Freud hatte dafür keine Antwort. Er stellte lediglich fest, dass sich die Frage der Objektwahl weder mit der Annahme, sie sei angeboren, noch mit der, sie sei erworben, zufriedenstellend klären lässt.[169]

Tatsächlich spielen die elterliche Beziehung zu ihrem Kind, ihre Partnerschaft und Persönlichkeit, ihre Vorbilder und ihre Geschichte eine bedeutende Rolle für das Gelingen. Das Ergebnis sind höchst individuelle Verhaltens- und Beziehungsmuster, in denen sich Beziehungsschicksale niedergeschlagen haben und die sich ein Leben lang im Kontext intersubjektiver Erfahrungen weiterentwickeln.

Nach meiner Auffassung sind die Verdrängungen und Identifikationen dabei nicht so vollständig und dauerhaft, wie man es in der Psychoanalyse ursprünglich dachte. Daher entstehen nicht, wie ursprünglich angenommen, endgültige und eindeutige Festlegungen. Es entstehen vielmehr *polyvalente Identitätsmodule*, die in immer neuen interaktionellen Kontexten zu leitenden Selbstrepräsentanzen zusammengefügt werden müssen. Danach ist ein einheitliches Selbst weitgehend ein mythisches Konstrukt[170]. Es ist daher anzunehmen, dass die sexuelle Identität in verschiedenen Kontexten verhandelt werden kann und zu immer neuen Lösungen gelangt. Anders gesagt: Geschlechtsidentität und Objektwahl sind nicht zwangsläufig eindeutig und nicht endgültig. Sie sind fluide.

> Das wird eindrücklich am Beispiel von Frau N. deutlich. Sie war als Mann geboren worden. Soweit sie sich erinnern kann, war sie mit ihrem männlichen Geschlecht unglücklich und wünschte sich, ein Mädchen bzw. eine Frau zu sein. Schon im Kindergarten fühlte sie sich nicht zugehörig. Auch später in ihrer Kindheit und Jugend blieb sie Einzelgänger. Sie fühlte sich abgestoßen und einsam, wenn sie sah, wie Jungen und Mädchen miteinander anbändelten.
>
> Als junge Erwachsene hoffte sie, in einer Familie Ruhe zu finden. Sie heiratete und zeugte mit ihrer (damals: seiner) Frau eine Tochter. Doch sie kam nicht zur Ruhe. Sie hasste ihren Körper, der ihr fremd war. Nur mit Mühe gelangte sie in der männlichen Rolle bei ihrer Frau zur Ejakulation. Meistens täuschte sie einen Orgasmus vor. Immer drängender

---

169 Freud S (1905), S. 23–36
170 Mitchell SA (1991)

wurde der Wunsch, selbst eine Frau zu sein. Schließlich verliebte sie sich und begann neben ihrer Ehe eine lesbische Beziehung.

Nach einer psychologischen Beratung mit Anfang 30 unternahm sie Schritte zur Geschlechtsangleichung. Sie wechselte den Vornamen und ließ sich als Frau registrieren. Ihre Familie nahm das hin. Die Reaktionen im Beruf – sie arbeitete in einer Behörde – waren zwiespältig. Sie erlebte überwiegend freundliches Erstaunen und überraschte Neugier, manchmal aber auch verletzende Ironie und Herablassung. Ihre Parallelbeziehung verbarg sie vor anderen.

Mitte dreißig ließ sie sich hormonell behandeln und operieren. Mit dem Ergebnis waren die Ärzte zufrieden. Um den »ewig gleichen Fragen« zu entkommen, wechselte sie in eine andere Behörde, wo man sie nicht als Mann gekannt hatte. Danach fühlte sie sich in ihrem neuen Leben als Frau viel besser als früher als Mann. Allerdings gelangte sie nach wie vor sexuell nicht zur Befriedigung. Das war für sie eine große Enttäuschung.

Sie lebte nun als »Lesbe« mit ihrer Freundin, blieb aber verheiratet. Dieses neue Leben war für sie sehr anstrengend. Ihrer Ehefrau gegenüber fühlte sie eine große Distanz, von ihrer Tochter wurde sie bekämpft, von ihrer Partnerin bevormundet. Schließlich kam es auch an der neuen Arbeitsstelle zu Spannungen, die sie als Mobbing gegen sich als Trans*Frau verstand. Sie geriet zunehmend unter einen inneren Druck und entwickelte klaustrophobische Zustände in der U-Bahn auf dem Weg zur Arbeit und auf dem Heimweg. Schließlich wurde sie krankgeschrieben und kam in einem ängstlich-depressiven Erschöpfungszustand in die Behandlung.

Ich erwähne die Geschichte als ein Beispiel für eine fragmentierte Geschlechtsidentität. Sie zeigt, dass die psychosexuelle Entwicklung den diversen Identitätsmodulen mehr Raum lässt, als man bisher angenommen hatte: Wo sehe ich mich im Spannungsfeld zwischen dem Weiblichen und dem Männlichen? Welche Funktion haben dabei mein körperlicher, rechtlicher und sozialer Status? Worauf richtet sich mein Begehren?

Das sind einige der Fragen, mit denen wir uns in der Behandlung von sexuellen Identitätsstörungen beschäftigen müssen. Die Entwicklungsaufgabe und das Ziel bestehen darin, sie bewusst werden zu lassen und

Antworten zu suchen, die den Patienten entsprechen. Das Ziel ist die Anerkennung der multiplen Identitätsmodule, die je nach Kontext variieren. Mit dem Bewusstwerden und der Integration fördern wir ein Selbst-Konzept, das die Patienten für sich als passend erleben.

Das kann in einem gemeinsamen schöpferischen Dialog geschehen, in dem die künftige Identität nach und nach aus dem Zusammenspiel der Einfälle und Fantasien Kontur gewinnt, so wie das Werk eines Steinmetzes, der einen unbehauenen Felsblock bearbeitet. Dieser Prozess spielt sich in der analytischen Behandlung zum großen Teil in der Gegenübertragung ab, indem die Therapeutin ihre bzw. der Therapeut seine Verwirrung zunächst zulässt und in sich bewältigt.[171]

> Die erwähnte Frau N stellte ihre innere Situation in einem Traum dar, den sie auch malte: Zerbrochene Tonkrüge, die sie nicht zusammenfügen konnte, weil einige der Scherben verloren gegangen waren. Sie verstand den Traum selbst als Abbild ihrer gebrochenen Identität und fand die Herausforderung für ihre Zukunft darin, Ideen zu entwickeln, wie sie die fehlenden Stücke ersetzen könnte.

Von der binären zur multiplen Geschlechterordnung

Über lange Zeit war es selbstverständlich, dass jeder gesunde Mensch eindeutig und dauerhaft einem der beiden Geschlechter »männlich« oder »weiblich« zugeordnet werden könne. Diese Polarisierung prägte das individuelle Erleben und das gesellschaftliche Denken noch am Beginn des 20. Jahrhundert und blieb unhinterfragt. So blieb Sigmund Freuds kühne Annahme eines psychischen Hermaphroditismus[172] ohne wesentlichen Einfluss. Mit der Annahme einer konstitutionellen Bisexualität als Konti-

---

171 Nissen B (2019), De Masi F (2021), Kamm H (2022)
172 Freud S (1905), S. 44

nuum mit fließenden Übergängen hätte das Verständnis der sexuellen Identität bereits vor über 100 Jahren eine Erneuerung erfahren können. Dass das nicht geschah, dürfte vor allem an der patriarchalischen Orientierung gelegen haben, unter der die Psychoanalyse damals angetreten war und die bis in unsere Tage fortwirkt. So blieb sie mit Konzepten wie Kastrationsangst, Penisneid, weiblichem Masochismus und passiv-femininer Einstellung lange dem dichotomen Geschlechterbild des 19. Jahrhunderts verbunden. Dass manche Menschen sich zwischen den beiden Polen erleben, wurde damals als Absonderlichkeit betrachtet und nicht weiter beachtet.

Doch mit der Frauenbewegung und dem Feminismus kam es im 20. Jahrhundert Schritt für Schritt zu einer Entwicklung, die man als Befreiung von der heteronormativen Sexualität bezeichnen kann. Die Verhaltensstereotype für weiblich und männlich wurden in Frage gestellt, Abgrenzungen und Ausgrenzungen begannen sich aufzulösen. Nun wagten sich auch Minderheiten und Menschen mit einer nicht-binären Geschlechtsorganisation an die Öffentlichkeit.

Unter diesem Einfluss gerieten traditionelle Vorstellungen über Geschlechterrollen und das Geschlechterverhältnis ins Wanken und gaben einem erweiterten Begriff der Geschlechtsidentität Raum. So entstand die Queer Theory, in der nun die vielfältigen subjektiven Erlebnisweisen des Geschlechtlichen ihren Platz fanden. Männlichkeit und Weiblichkeit wird heute nicht mehr eindeutig festgelegt und voneinander getrennt. Das Geschlechtsleben wird zur »individuellen Schöpfung«[173].

Heute gilt die Geschlechtsidentität als ein Gefäß, »in dem die verschiedensten bewussten und unbewussten Aspekte von Männlichkeit und Weiblichkeit auf den unterschiedlichsten sozialen, psychischen und somatischen Dimensionen ... aufbewahrt sind«[174]. Männlichkeit und Weiblichkeit scheinen nun »in komplementärer Weise in unterschiedlichen Mischungsverhältnissen in jedem und jeder Einzelnen denkbar«[175]. Damit verschiebt sich der Fokus der Betrachtung auf den Plural: auf individuelle Geschlechtsidentitäten.

---

173 Chodorow N (2001)
174 Quindeau I (2008), S. 96
175 ebenda

Konkret bedeutet das, dass wir sowohl als Männer und auch als Frauen Erlebnis- und Verhaltensweisen in uns anerkennen, die man traditionell entweder dem weiblichen oder dem männlichen Pol zugeordnet hatte. Eine »richtige« Frau darf heute auch kämpferisch sein und ein »richtiger« Mann fürsorglich. Er darf rezeptiv sein und sich hingeben, so wie die Frau auch kämpfen, erobern und bestimmen darf. Das hat Sigmund Freud gemeint, als er vom psychischen Hermaphroditismus sprach. In diesem Sinne beschreibt auch Carl-Gustav Jung die Archetypen des Animus in der Frau und der Anima im Mann und stellt fest, dass »mit einem Männlichen zugleich auch immer ein entsprechendes Weibliches gegeben sei«[176].

Fazit

Heute, im 21. Jahrhundert, sind wir auf dem Wege anzuerkennen, dass die traditionellen Kategorien für männlich oder weiblich überholt sind. Wir erkennen, dass die Zuordnung zu einem von zwei alternativen Geschlechtern nicht ausreicht, um die tatsächliche Vielfalt zu beschreiben. Wir erkennen auch, dass die Einführung einer einzigen dritten Kategorie, zum Beispiel »divers«, das Dilemma nicht aufzulösen vermag.

Denn die Geschlechtsidentität ist fluide. Ihre Ausgestaltung wird zwischen den Beteiligten intersubjektiv, d.h. durch das Zusammenspiel der individuellen Fantasien und Wünsche, der Selbstdefinition und der Beziehungsrepräsentanzen stets von Neuem ausgehandelt. So wird verständlich, dass die Art des Begehrens in verschiedenen Beziehungen und verschiedenen Kontexten unterschiedlich sein kann und sich über die Zeit auch verändert. Das bedeutet: Die Geschlechtsidentität ist nicht ein statisches psychosexuelles Merkmal und nicht eine Konstante im Leben. Sie ist ein lebenslanger intersubjektiver Prozess.

Die Frage nach der sexuellen Identität heißt demnach: Wer bin ich geschlechtlich und wie erlebe ich meine individuelle Geschlechtlichkeit zu

---

176 Jung CG (1936/1984), S. 136

diesem Zeitpunkt meines Lebens in meiner jeweiligen Umgebung und Beziehung?

Zusammengefasst kann man sagen: Unsere westliche Gesellschaft hat die Sexualität als Ressource für die persönliche Autonomie und für die eigenverantwortliche Gestaltung von Beziehungen entdeckt. Damit entfällt auch die normative Bindung der Sexualität an den Verkehr mit dem anderen Geschlecht in ehelicher Beziehung mit dem Ziel der Fortpflanzung. An erster Stelle dient sie heute bei uns der Selbstverwirklichung als sexuelles Wesen. Grenzen der Selbstbestimmung werden lediglich durch das Einverständnis und den Schutz der Unversehrtheit des Anderen markiert. Die Wahl der sexuellen Praktiken, der Sexualobjekte und der Ziele ist dabei der Entscheidung des Einzelnen überlassen.

Literatur

Becker S (2004) Transsexualität – Geschlechtsidentitätsstörung. In: Kockott G, Fahrner EM (Hg) (2004) Sexualstörungen. Stuttgart/New York: Thieme.
Beck-Gernsheim E (1994) Auf dem Weg in die postfamiliale Familie. In: Beck U, Beck-Gernsheim E (Hg) Riskante Freiheiten. Individualisierung in modernen Gesellschaften. Frankfurt a. M.: Suhrkamp, 115–138.
Benjamin J (Hg) (1990) Unbestimmte Grenzen. Beiträge zur Psychoanalyse der Geschlechter. Frankfurt a.M.: Fischer.
Butler J (1990) Das Unbehagen der Geschlechter. Frankfurt a.M.: Suhrkamp.
Chlada M, Jäger MC (Hg) (2008) Das Spiel der Lüste. Sexualität, Identität und Macht bei Michel Foucault. Aschaffenburg: Alibri Verlag.
Chodorow N (2001) Die Macht der Gefühle. Stuttgart: Kohlhammer.
Dannecker M (1996) Probleme der männlichen homosexuellen Entwicklung. In: Sigusch V (Hg) Sexuelle Störungen und ihre Behandlung. Thieme, Stuttgart S. 77–91
De Masi F (2021) Die Arbeit mit schwierigen Patientinnen und Patienten. Frankfurt a. M.: Brandes und Apsel.
Ermann M (2009) Das homosexuelle Dilemma. Forum Psychoanal 25, 349–361.
Ermann M (2014) Der Andere in der Psychoanalyse. Die intersubjektive Wende. Stuttgart: Kohlhammer.

Foucault M (1996) Diskurs und Wahrheit. Die Problematisierung der Parrhesia. Berlin: Merve.
Freud S (1905) Drei Abhandlungen zur Sexualtheorie. GW Bd. V.
Freud S (1908) Über infantile Sexualtheorien. GW VII.
Freud S (1910) Über »wilde« Psychoanalyse. GW VIII.
Friedman RC (1986) Männliche Homosexualität. Berlin Heidelberg New York: Springer 1993.
Isay RA (1989) Schwul sein. Die Entwicklung des Homosexuellen. München, Zürich: Piper 1990.
Jagose A (2001) Queer Theory. Eine Einführung. Querverlag, Berlin
Jung CG (1936) Über den Archetypus mit besonderer Berücksichtigung des Animabegriffs. Revidiert in: ders. GW Bd. 2. Olten: Walter 1984.
Kamm H (2022) Metamorphosen – (un)gewisse Gedanken zur Geschlechtsidentität. Forum Psychoanal 38, 33–47.
Korte A (2016) Geschlechtsdysphorie (GD) und Störungen der Geschlechtsidentität (GIS) bei Kindern und Jugendlichen. Frauenheilkunde up2date 10, 163–182.
Krafft-Ebing R (1890) Psychopathia sexualis. Stuttgart: Enke (Neuauflage Elibron Classics 2005).
Künzler E (1992) Der homosexuelle Mann in der Psychoanalyse. Theorie und Praxis im Wandel. Forum Psychoanal 8, 202–216.
Laplanche, J. (1988). Die allgemeine Verführungstheorie und andere Aufsätze. Tübingen: edition diskord
Mertens W (1992) Entwicklung der Psychosexualität und der Geschlechtsidentität. Bd. 1: Geburt bis 4. Lebensjahr. Stuttgart: Kohlhammer.
Mitchell SA (1991) Contemporary perspectives on self. Psychoanalytic Dialogues, 1:2, 121–147
Money J (1955) Hermaphroditism, gender and precocity: Psychologec findings. Bull John Hopkins Hosp 96, 253–264.
Morgentaler F (1984) Homosexualität, Heterosexualität, Perversion. Frankfurt/M., Paris: Qumran.
Nissen B (2019) Wenn queer queer wird. In: ders. et al. Queeres Denken in der Psychoanalyse. Stuttgart: Frommann-Holzboog.
Orange DM, Atwood GE, Stolorow RD (1997) Intersubjektivität in der Psychoanalyse. Frankfurt a. M.: Brandes & Apsel, 2001.
Quindeau I (2008) Verführung und Begehren Die psychoanalytische Sexualtheorie bei Freud. Stuttgart: Klett-Cotta.
Quindeau I (2014) Sexualität. Gießen: Psychosozial Verlag.
Rauchfleisch U (2016) Transsexualität, Transidentität. Begutachtung, Begleitung, Therapie. 5. Auflage. Göttingen: Vandenhoeck & Ruprecht.
Reiche R (1997) Gender ohne Sex. Psyche 51, 926–957.
Reiche R (2006) Das Sexuelle bei Morgenthaler – Verführung, Plombe, Weichenstellung. Journal für Psychoanalyse, 45. Abgerufen von https://www.psychoanalyse-journal.ch/article/view/1283

Schmidt G, Strauß B (1998) Sexualität und Spätmoderne. Über den kulturellen Wandel der Sexualität. Stuttgart: Enke.
Schröter S (Hg) (1998) Körper und Identitäten. Hamburg: LitVerlag.
Sigusch V (2005) Strukturwandel der Sexualität in den letzten Jahrzehnten. In: ders. Neosexualitäten. Frankfurt a. M.: Campus.
Sigusch V (2013) Sexualitäten. Eine kritische Theorie in 99 Fragmenten. Frankfurt a. M.: Campus.
Stoller R (1979) Perversion: Die erotische Form von Hass. Reinbek: Rowohlt.

Stichwortverzeichnis

A

A-gender 78
Abstinenz 68, 71, 72
– engagierte 62, 64, 72
Ace fluid 78
Als ob 66
Asymmetrie in der Therapie 62

B

Begehren der Eltern 113
Bisexualität 107, 114, 115, 118

C

Cisgender 78
Coming-out 94, 95

D

Demisexuell 78
Desister 87
Detransition 83, 87
Doing Gender 34, 37, 39

E

Erprobungsraum 68

F

Frauenbewegung 105, 119

G

Gegengeschlechtliche Hormongabe 89
Gegenübertragung 20, 23, 118
Gemischtgeschlechtliche Dyade 19
Gender fluid 78
Gender-Spezialist:in 91
Genderdysphorie 75, 82, 83
– early onset 82
– late onset 82
Genderidentifikation 11
Genderwahrnehmung 11
Geschlechteranpassung 11
Geschlechterkombination 18, 24
Geschlechterkonstellation 11
Geschlechterordnung
– binäre 111
Geschlechterpassung 11, 14, 38
Geschlechtsangleichende Operation 90
Geschlechtsdysphorie 80, 85, 90, 101, 111
Geschlechtsidentität 78, 80, 100, 101, 107, 119
– Entwicklung 112, 114
Geschlechtsinkongruenz 80

Geschlechtsrolle 44, 86, 108–110
Geschlechtsunterschiede 15, 38, 42, 48, 51, 108
Gesellschaft 111, 121
– cis-normative 85
– hetero-normative 85
Gleichgeschlechtliche Dyade 38
Gruppenpsychotherapie 37

H

Hamburger Modell 87
Hermaphroditismus 118

I

Identifikationsorgan 97
Identität
– non-binare 78
– Geschlechts- *siehe* Geschlechtsidentität
– Trans- *siehe* Transidentität
Intersubjektiv 113, 120
Intimität 61, 63

K

Kokonstruktion, intersubjektive 113
Konstitution, psychosexuelle 102, 109, 112, 113

L

LGBTQ 85

M

Machtmissbrauch 60
Mastektomie 90

Monogam 78
Mutter, präödipale 113

N

Neovagina 91

O

Objektwahl 108, 115

P

Pansexuell 78
Passing 96
Penisaufbau 90
Penisneid 119
Polyamor 78, 104
Potentiel space 63
Protoidentität, sexuelle 113
Pubertätsunterdrückende Hormonbehandlung 83, 88

R

Retraumatisierung 69

S

Same-gender-Dyade 14
Selbst, sexuelles 107, 113
Sex (alltagssprachlich) 103
Sex und Gender 105
Sexualität 107, 118
– Definition 103, 112
– Dimensionen 102
Sexualorgan 97
Sexuelle, das 103
Sexuelle Orientierung 76, 98, 107, 108

Sexueller Missbrauch 69
Spielraum 64
Symbolischer Raum 61

T

Therapeut:innenklischees 12
Therapeut:innensicht auf Geschlecht 24
Therapieerfolg 12, 16, 17, 42
Therapiefaktoren 26
Therapieziele 15, 41
Transfeindlichkeit 76, 94
– internalisierte 95
Transgender 24, 75, 78, 80, 87, 88, 91
Transidentität 101, 111
Transition 87, 91, 97

U

Übertragung 20, 52, 71

V

Verführungstheorie, allgemeine (Laplanche) 112

Z

Zuschreibungen 44
Zuweisung, soziale 108, 111
Zwangsouting 96

Personenverzeichnis

B

Berger, U. 39
Bernardez, T. 54
Beutler, L. E. 17, 42
Brabender, V. A. 55
Broda, M. 11
Burlingame, G. M. 44, 49, 55

C

Corsini, R. J. 45

D

Dannecker, M. 100
Dinger-Broda, A. 11, 21, 38

F

Forsyth, D. R. 46
Freud, S. 112, 114, 115, 118
Friedman, R. C. 100

H

Holmes, L. 52

I

Isay, R. A. 100

J

Jung, C. G. 120

K

Korte, A. 75, 87
Künzler, E. 100

L

Laplanche, J. 112
Leszecz, M. 49
Littmann, L. 75
Löwer-Hirsch, M. 68

M

Mitchell, S. 62
Money, J. 105
Morgenthaler, F. 100

O

Ogrodniczuk, J. S. 16, 51

P

Parks, C. D. 46

Q

Quindeau, I. 113

R

Richter, H. E. 47
Rohlfing, S. 51
Rosenberg, B. 45

S

Schigl, B. 15, 39
Schmalbach, I. 19

Sellschopp-Rüppell, A. 11, 21, 38
Senf, W. 11
Stern, D. 72
Stoller, R. 105
Strauß, B. 49
Szyz, H. C. 43

T

Tasca, G. A. 46

W

Winnicott, D. 64

Y

Yalom, I. D. 49, 52